序言 Preface

很幸运，六年前，你和我能在华南师大结下师生之缘。那时的你如同从春天走来的一抹阳光，浑身洋溢着青春的活力，绽放着梦想的光芒。善解人意、顾全大局的笑容常常挂在脸上，刻苦钻研、精益求精的精神时时振奋人心。

很幸福，六年来，你我亦师亦友，在专业领域共同探讨，在教育方面常做分享。我见证了你一路的成长与付出，为你取得的成绩和荣耀感到欣慰，更为你的坚持与努力点赞。如今，生活的淬炼已让你散发出一种独特的魅力。那是光阴把最美妙的东西加在了修炼它的人身上。那个美妙的东西，是从容，是淡雅，是睿智，是豁达，是一颗最自然、最真诚的心。

很荣幸，六年后，你发来书稿，邀我作序。这本书记录和思索了这些年来你的奔跑与进取，既是对你成长岁月的一个交代，也是对你教育生活的一份总结，更是对那些不能忘却的往事的一份纪念。书中有你翱翔天际的深邃与辽阔，也有你贴地飞行的平凡与快乐。书中所言是你一路走来的成长轨迹和仰望星空时对未来的期许，更是你追梦路上铺下的基石和点亮的方向。这本书让我们能触摸到作为一位当代青年教师的你从乡村走向城市、从稚嫩走向成熟、从简单走向丰盈的心路历程与从容活法。

翻开书页，梦的馨香沁人心脾，爱的暖流萦绕心中。读你的文字，吸引我的是你的真诚，是你文字里所蕴含的思想，是你故事里所流露的情怀，是你智慧里所闪烁的光亮。我仿佛在听你心灵的歌唱。

你说："孩子们很可爱，也很聪明，我相信他们都是有潜力的天才。我迫切地希望能找到最好的教学方法来教好他们……"我读到了你对教育的赤诚与热爱。

你说："孩子本来就是上天的恩宠，我们要感谢他们，感谢他们给予我们思考与精进的机会。在我们感谢的目光和话语中，他们也得到了被肯定的快乐。"我看到了师生在彼此成就。

书中那些有温度、散发着爱的清香的文字，是你留下的"幸福手记"，更是你心中的火焰，是你追梦的足迹。课堂中你愿意是孩子，是演员，是领航人，是守护者，是知心姐姐，是故事大王。每个孩子都能被你看见，每个孩子都能被你看重。教师的爱与真诚在于自己能再一次并不断地"过童年生活"，在于能够站在孩子的角度，贴近孩子的心灵去看世间的风景。你，便是最懂得孩子，最能走进孩子心灵，最能从孩子出发的那一个。我想，能做你的学生或家长是幸福的。

你的语言很朴实，没有刻意雕琢的痕迹，但朴实中处处有智慧的静水流深，处处可以触摸到你情感的温度、思想的脉动。读着读着，我往往会发出由衷的赞叹。乔布斯说："最重要的，拥有跟随内心与直觉的勇气，你的内心与直觉多少已经知道你真正想要成为什么样的人。任何其他事物都是次要的。"是山野孕育了你的初心，是教育滋养了你的情怀，是孩子启发了你的灵感，才让你的内心自然生长出爱与智慧、真诚与广阔、美丽与洞见。

孩子们吵闹时，你不会大声呵斥，而是故作神秘地说："咱们来一个比赛，保持安静五分钟。五分钟可不短哦，不知道同学们有没有这个胆量挑战呢？"于是他们果然"中招"，纷纷"束手就擒"。是你让好动的"小陈"光荣地当上了"劳动之星"，感受到了自我价值。是你让骄傲的"公主"成功地蜕变为"友爱之星"，收获了更多的友谊。在回忆《父母的教育智慧》一文中，妈妈简单地陪练健美操，让你从自卑的丑小鸭蜕变成自信的白天鹅；面对从小不爱吃青菜的你，妈妈把它们变成"圆柱体桥墩""三角形""五角星"奖励你！于是，你懂得了鼓励与陪伴的力量。墙壁上你无意抠出的破洞，被父亲说成像中国地图，于是你朝着他"指引"的方向，真的把它抠得越来越像中国地图，更重要的是在你的心里也永远地刻下了一幅这样的地图。

于是，你明白了宽容与接纳的伟大。教育无痕却有情，正是因为当年那些朴素的教育方法，才让今天的你如此通透、有灵性。

在你这些细密却不失轻盈的文字里，一个接一个的故事与思想碰撞、交融，在我的脑海里静静地回响，无边地蔓延，不知不觉中令我欣然感动于你纯真而深刻的内心。我想，你在书中写下的智慧、展现的风采，一定会影响很多像你一样有志于教育事业的青年，让他们有所思考、有所借鉴、有所追求。

也许，说到这里，都是一些随意的、零碎的话语，而不是"序"。不过，一位作家说过，最好的序是读后感。作为你本书的第一个读者，这些话都是我真心实意、有感而发的。我相信未来的教育路上，你一定会朝着你的梦想走得更近，也会把自己磨砺得更好。我和你的师兄弟姐妹们，始终都愿在背后给予你最诚挚的祝福和最坚固的守护。我也相信时代不会亏待像你这样将青春与梦想赋予教育和孩子的教育青年们。愿未来的你们会为了心里的教育与梦想，马不停蹄，踏出一条充满生机的路来。

　　荷尔德林在诗中说："只因为晨光于其中不羁地绽露熹微。只因为年华无边踵增，那神圣的光阴，那岁月，被恣肆地重排、组合。惟有雷鸟省察着时序，在山间、在风里，翱翔着，呼唤着白昼。"教育路上，愿你化雷鸟飞行，志存高远，凌越巅峰。筑梦途中，愿你破荆棘前进，左右逢源，灿烂如星。

　　未来有你，教育可期；教育有你，未来可期。

2018 年 10 月 15 日
于华南师范大学

目录 Contents

第一篇　教育管理 **01**

第二篇　教学研究 02

第三篇　正面教养 **03**

第四篇　成长笔记 04

第五篇　人生哲思 05

第一篇

01

教育管理

Education
Management

OUCATION
MANAGEMENT

做好"常"与"长"德育的理念与实践

陶行知先生认为"生活即教育",生活是进行教育的最好途径,在生活中对学生进行教育,让学生的德育活动来自生活,又落实在生活中。小学生是社会建设的未来接班人,着眼学生实际,将学生的德育活动落实在生活中,让学生形成健康的价值观、人生观、世界观,具有良好的身心素养,成长为中国未来有担当、有责任心、有希望的一代,学校负有重大责任。

一、"常"与"长"德育理念的概论

1. "常"的德育理念

"常"的德育理念指的是德育生活化。一方面指在校园生活中设计德育活动,培养学生的品德素养;另一方面指将学生的品德素养落实到生活实践中。在学校德育工作中,德育活动的主题要与学生的生活息息相关,采取与学生实际生活贴切的、学生喜闻乐见的方式来进行德育,让学生在这些活动中习得适应社会、创造生活和享受生活的能力。

2. "长"的德育理念

"长"的德育理念指的是德育应该是终身的。德育不受时间的限制,在生活中随时可以接受德育,打破"一次性"教育的成规,在德育中培养学生的各种生活能力和健全的人格品质。德育中的"长"不仅仅指德育长时间贯穿人的一生，还指德育素养的形成是一个漫长的过程，德育素养是在生活中逐渐培养并形成的。

二、小学进行德育教育面临的困境

在小学德育实践中，目前常见的问题有：

1. 忽视小学生身心发展的规律

小学生年龄一般在6～12岁之间，这一时期的孩子具有服从、喜欢模仿的特点，对于权威较为迷信，对于规则的理解较为薄弱，理性较差。一些德育活动，忽视了本阶段学生的身心发展特点，进行不遵循规律的教育。近年来，广场舞、"骑马舞"、小学生拉丁舞比赛及模仿迈克尔·杰克逊舞蹈等一些非常成人化的曲目活动走进校园，但并不适合儿童的审美和发展需求。

2. 德育"让位"现象

为应对逐年增大的升学率竞争，德育被放在次要地位，德育时间常常被挤占用于文化课的学习，如"升旗礼教育"时间演变成"早读"，一个学期才进行两次。有时候遇到学校的重大事件或考试时，写在课表上的德育课也直接成为牺牲对象，尤其是在年终考试时，德育变成学校教育中可有可无的对象。

3. 德育评价系统不科学

德育评价机制过于简单，缺乏全面性与客观性，对于学校德育工作及教师德育教学的效果、学生德育素养不能进行科学合理的评价。对于不同学生不同时期的德育水平，多数学校欠缺考虑，一刀切，采用"扣分制文明班评比"制度。对于问题学生仅仅予以扣分处理，而不是正视问题，以问题为成长契机来进行及时引导与教育，导致学生情绪反感，错误反被强化。

4.学校德育脱离生活实践

德育内容脱离实际生活，"空谈"现象使德育效果大打折扣。教师在组织德育时，只依据教材知识，进行单方面的授课灌输，并不"以身作则"给学生做示范。比如教育学生要有爱心，却对班里的特殊儿童不接纳；教育学生要穿着得体，一方面教育学生在正式场合要穿正装、穿礼服，另一方面教师自己却穿着运动服、休闲装。脱离生活与榜样的德育，导致效果不理想。

三、"常"与"长"德育活动的实践

1.根据身心发展的规律，进行有序德育

基于德育中存在的问题，充分考虑到小学生身心发展的特点，行知小学大胆取消了"扣分制文明班评比"制度，提出了"教师大做样，学生小学样""一日常规即德育"等策略。在进行活动设计的时候，坚持三问："是否儿童第一""是否考虑到了所有儿童的利益""是否考虑到了儿童的终身利益"，来进行有序德育。由此，设计了低年级的"起航课"、中年级的"加油课"及高年级的"毕业课"。

　　低年级的学生刚刚进入小学，开始小学生活，小学生活与幼儿园生活有很大差异，因此我们设计了解决幼小衔接的起航课程，开展"我为什么要上学"的小小思想家活动，让孩子和父母一起讨论这个有趣又充满哲理的话题；开展"我上小学了"的主题班队活动，学习各种上下课礼仪；开展一年级通关活动，每名一年级同学都会获得一张学校精心制作的、充满童趣的通关卡，通关卡上的内容丰富有趣：寻找老师办公室、探索饮水台、交个好朋友等。通过这些活动让学生慢慢爱上学校生活。

　　中年级是个漫长的挑战过程，学生对校园环境熟悉了，对老师性情也了解了。随着年龄的增长，学生显现出不同的个性，对老师的要求不再"绝对服从权威"，于是我们设计了"加油课"，让经历了一年级兴奋奔跑期的小汽车可以持续发动功力，稳步向前。秋千主人，杧果认领，保护鸭子，小窗口、大世界设计等校园实物管理爱护活动成为他们的加油站，让他们在管理中探索，在探索中学会担当。

　　高年级要开始和小学生活说再见了，加上青春期的躁动与叛逆，他们变得异常浮躁不安，今天穿个奇装异服，明天在桌子上留下"寄语"，让老师们忙得心力交瘁。为了帮助学生巩固正确的人生价值观，强化良好的行为习惯，顺利完成小升初的过渡，我们设计了"毕业课"："青春多美好"健康课、给母校留下最美印象活动、感恩鲜花护理活动、制作毕业纪念册、毕业典礼、毕业旅行等，让毕业生们在体验中学会尊重与感恩。

　　分级德育课程的有序实施，遵循学生的身心规律发展，起到了事半功倍的效果。

2. 实现德育生活化的转变

实现德育生活化就是要将"常"的德育理念运用在生活中，在生活中锻炼学生的德育能力，培养学生的实际生活能力。为此，学校设计了一系列的生活教育活动，如校园快乐小农夫、酵素制作、给校长的一封信、理财练摊活动、日行一善、做个少年思想家、"我的地盘我做主"劳动日活动等。

劳动教育可以促进德、智、美、体全面发展，学生只有通过亲身劳动，才能养成真正热爱劳动和尊重劳动人民的品质。由此，我们开展"校园快乐小农夫"活动，在学校楼顶堆上土壤，科学老师带领学生分批参与劳动生产。为瓜果蔬菜除草、浇水、施肥，既让他们认识了植物的生长特性，又培养了他们热爱劳动、尊重劳动的品质。珍惜资源、保护环境是现代社会的主流呼唤，我们开展"酵素制作"活动，教会学生利用厨房丢弃的蔬菜果皮，制作成酵素。这项活动不仅有效利用了厨余垃圾，还能变废为宝，制成的酵素可以用来清洗地板、餐具，分解工业洗洁精分子，不污染水源。学生学会了这项技术后，回家还推广给家人，此项活动成为深受学生及家长喜爱的环保教育课。还有从学校创办开始开展的"给校长的一封信"活动，每学期开学典礼后，校长会给每名同学布置一个题目，然后大家回去思考，用自己擅长的、最优美的方式给校长写一封信。校长的题目大都来自生活中的案例，通常是一个正需要解决的行为或者道德问题，孩子们能看到、听到、感受到，然后通过自己的思考，找到答案。曾经开展过的题目有一年级的"我为什么要来上学"，全年级的"铅笔能做什么""我能为安静校园做什么"，以及"小区有一辆汽车被刮花了，摄像头里看到的是一个小男孩做的。这时，派出所的电话响了。请你思考一下：电话是谁打来的呢？接下来会是怎样的一个话题呢？"等。通过这样的活动，学生用自己的思想和校长对话，写作能力和自我管理能力同时得到了锻炼提升。

生活化德育活动的开展，使得"常"德育落实得更加扎实有效。

3. 植入终身德育评价机制

"长"就是终身德育，就是自觉德育。我们取消传统的"扣分制文明班评比制度"，采用"问题即成长"与"就地教育"的方式来解决学生的行为问题，同时塑造正面积极的形象进行示范引导，营造美好的校园环境进行熏陶，达到使学生"自觉成长"的目的，最终实现终身德育。

为了落实做好学生仪容仪表的工作，引导学生穿着整洁得体，我们开展了"行知形象大使大赛"。比赛的项目有扎头发、扣扣子、系红领巾、绑鞋带、搭配衣服等，先在班级初赛，然后进入校级决赛。比赛胜出者不仅可以获得"行知形象大使"荣誉称号，还可分批在校门口进行值日工作。这既增强了他们的自豪感，也对其他学生起到了引导、示范作用。

我们采用正面、积极、鼓励的"校园之星"评比方式来取代"扣分批评"。校园之星是学校的一项以树立正面榜样为目的的评价方式，每月以一项行为进行重点养成教育，月末各班选出一名这个项目的校园之星，每名校园之星在国旗台接受校长颁奖。学校宣传栏张贴他们的照片和事迹，供全校师生观摩学习。通过几年的实践，校园之星的种类愈加丰富，有礼仪、形象、智慧、体育、劳动、诚信等十几项。我们希望通过这样的评比，以正面引导的方式让学生朝这些方面努力！

　　终身德育机制的植入，让学生和老师都身心愉快，愿意"自觉成长"。

结语

　　"常"与"长"德育活动是离不开生活的，只有扎根于生活，吸取生活的养分，进行终身学习，不断反思自己的德育实践活动，才能在实践中提高自身的德育素养。行知小学积极探索与实践行知先生的生活教育理念，结合生活，关注学生实际，对学生进行德育，希望能在学校生活中培养出具有"真善美爱乐群"品质，具有创造生活、享受生活能力的现代公民。

　　　　　（此文在广东省教育研究院举办的"全面实施素质教育　进一步提高义务教育办学质量"专题征文活动中获奖）

谈谈行知的教风

行知小学的办学理念开始得到越来越多同行的认可与赞誉，一位曾经参观过学校的马来西亚幼儿园园长回国后，给学校写了一封信，信中写道："若要描述这所学校，我会这样表达，'她就像处于天堂之中，伊甸园般绚烂之地，天使般快乐的孩子在学习和玩耍'。我断定这所学校的老师就像雕刻大师一样细心地雕刻着每件作品，把每一个孩子都塑造成与众不同的人，并让他们由里到外充满愉悦。"这种让人感动的诚恳赞誉让我们的工作倍加有意思，仿佛我们不再是普通的老师，我们是"雕刻大师"，是"艺术家"。也有来自家长和兄弟学校的（初中）家长们说："行知的学生是有标志的，我走在路上，看到一群学生，一眼便能认出哪些是行知的。"初中学校发来的反馈消息说："行知的毕业生更加自信、大方，当班干部的多，组织能力强，也有很强的综合能力。"学校能获此成果、赢此赞誉，跟行知小学的教风息息相关。

行知小学的教风是"尊重、理解、引导、等待、接纳、保护"，老师在育人的过程中都牢记这六个词。它们之间有内在的逻辑顺序：孩子在成长的过程中有各种各样的新问题产生，老师要在"尊重、理解"的基础上加以"引导"；被"引导"之后，孩子的领悟、接受有一个过程，老师要给予时间"等待"，并"接纳"领悟速度的快与慢、领悟程度的高与低；在整个成长的过程中，老师都要"保护"孩子，尤其要"保护"领悟速度相对慢的孩子。

　　"尊重"排在首位，代表了它的重要地位。一切交流活动都是以"尊重"为前提的，教育也不例外，这种"尊重"包括尊重孩子的出身、特质、成长规律等。在教育观点中，无论是"有教无类"还是"因材施教"，说的都是这个理。若缺乏"尊重"，后面也难以"理解"，那"保护"也将失去它原有的意义；相反这种"保护"还容易让人产生一种压力感，有压力感的保护，孩子的身心是不愉悦的，不愉悦的身心会降低学习效率，进而影响创造力的发挥。没有"尊重"为首的教育，之后的活动也是层层恶化，当然培养不出"自信大方、有创造力的孩子"。

　　"引导"是行知教风的精髓。这六个词的使用，有时候也是糅合在一起的，特别体现在"引导"上。"引导"不是教导，教导有居高临下的指导之味，引导饱含爱与耐心、平等、尊重。老师以友好温润的方式把孩子引到这边看看、走走，若发现不合适，再引到那边看一看，走一走，过程中还有默默的关注与适时的帮助。若孩子摔了跤，老师是不是该上前扶一把、扶着走多远、走得快与慢，这都是可以等待与接纳的。如果穷尽能力真的所有的办法都试过了，则是另一种接纳，这种接纳对于特殊儿童尤为重要，这个时候更重要的是"保护"，不仅保护他的身体不受损伤，更要保护他的精神不受伤害。若没有"引导"这一步，所谓的"等待"与"接纳"，则是无策的等待和无奈的接纳，对于老师而言，也只是勉强为之，长此以往，这位老师恐怕是要情绪大爆发的；对于孩子而言，则是被放弃后的无助与无望，难以有后续的成长。

　　美国心理学家劳伦斯·科恩在《游戏力》一书中写道：成人总认为"童年"满是快乐和幸福，然而真正的童年是各种元素的混合，不仅有好奇、兴奋和幻想，还有恐惧、愤怒和悲伤。所以，有时候孩子需要的不仅仅是接纳和等待，他们还需要帮助。行知的教风，在"尊重、理解、等待、接纳、保护"之外还有"引导"一词，它的存在，尤为关键，彰显精华，更有希望培养一个"完整的人"。

学会发现，学会欣赏，学会感恩

　　都说教学是一门艺术，儿童都是天生的艺术家。那么老师也应该是天生的艺术家。一个艺术家要对生活充满激情，要有敏锐的洞察力，要善于发现美；一个艺术家要有生活的内涵，要懂得感受美；一个艺术家更要有创造的智慧和精湛的技艺，来表达心中所有对美的感受，让美与自己同在，陶醉自己的同时也陶冶他人，使彼此的心灵得到安慰、思想得到净化、意境得到升华，并由此实现艺术家的人生价值。

一、学会发现

　　老师要善于用艺术家的眼光发现学生的优点、发现学生的可爱之处、发现学生的可塑之点，及时地给予肯定；学生接受老师的肯定，同时也肯定和接受了老师。

　　那些成绩好，很聪明乖巧的学生人见人爱，自不用说。而有些学生属于不好不坏，基本上老老实实的，在一大堆人中，我们忙起来都不容易发现他们。但他们每个人其实早就开始探寻人生的各种价值，也都渴望自己的价值被发现。如果我们看到了他们的可爱之处，只要稍加肯定，他们都会很开心，也会因此更可爱。小孩的单纯本身就已经够可爱的了，要说起每一个孩子的可爱细节，应该没有任何一位母亲或是十分关注他们的老师能用一个故事描述完。

　　是不是每一个孩子都那么可爱呢？我曾经也受过捣蛋孩子的折磨，他们上课不听讲，不是讲话就是玩小动作，有时候还乱插话扰乱课堂，下了课又去招惹其他学生，整天将课堂搞得鸡犬不宁。于是我开始有些讨厌他们，后来我发现，当我反感一个学生的时候，不知不觉会冷落他，这样，我与他的距离就越来越远；与此同时，他的成绩也开始下滑。作为老师，这是一个必须面对并且要改善的问题。罗丹有句话说，生活中从不缺少美，而是缺少发现美的眼睛。捣蛋的孩子应该不是缺少可爱，而是我们的主观原因遮住了我们自己发现美的慧眼。

　　三年级的小陈一到上课就是她最难熬的时光，小动作、东张西望、找旁边的同学讲话，我的许多精力都得用来提醒她听课，提醒次数多了，正常教学总被打断，我心情也烦躁。由于上课集中精力的时间少，学习成绩自然跟不上，每次做练习，小陈都皱着眉头咬笔头，小小年纪，眉心都快有一道沟了。在学校的一次劳动日活动中，我发现她很喜欢搞卫生，也会搞卫生，比其他孩子手脚都麻利，并且有许多独门方法，我感觉她终于有一个扬眉吐气的点了。我当即"任命"她为劳动日组长，在她的带领和感染下，班级的劳动日活动搞得非常成功。此后的班级劳动活动都由她带领并"指导"同伴，不久她还被班级同学评选为"劳动之星"。在劳动的时光里，她的眉眼是舒展的，也是她作为一个孩子展现本该有的纯真可爱的时候。作为老师，看到学生因为在自己的引导和帮助下获得成就，我倍感幸福。

　　大人可以满世界寻找伯乐，寻找自己的舞台，而孩子的世界其实没有什么选择，他们的伯乐就是老师和家长，所以我们必须爱护他们，给他们一个小小的舞台和一些表现的机会。

二、学会欣赏

老师学会了欣赏，就会觉得自己教的学生那么聪明、那么优秀，就会觉得教书这份工作有价值、有意思，潜意识中会更富于激情地去享受教学，这样无形中自己的教学水平和精神境界会更高；良好的氛围与良性互动互为依托，学生欣赏老师的同时，不知不觉会进入更快乐的不断进步状态。由于师生之间互相肯定与欣赏，双方都会心情愉悦，这样的教育效果自然是最好的。

经历了几个孩子的转变之后，我发现每一个孩子都是这般的可爱。每次去上课，我都觉得他们是一群可爱的小精灵。当我给他们贴上金灿灿的小红花时，他们用英语对我说："Thank you, Miss Zuo."看着他们幸福的笑脸，那一刻，我觉得我是最幸福的老师。有时候，我连上几节课，感觉很累，拖着疲惫的身躯走进教室，回来时心情却变得轻松愉快，因为他们跟我配合得很好。我赞许他们是世界上最棒的学生、最聪明的孩子，他们便更加努力地学习，也正因为这样，让我更喜欢或者渴望给他们上课。原来我不善唱歌、跳舞、画画，但是自从教了一学期英语之后，我不仅学会了不少英语儿歌，而且学会了很多简笔画。而这些孩子对英语的学习兴趣也在不断提高，成绩自然也在不知不觉中上升了，有好几个从来不及格的孩子都能考到B了。

不是每个人生来就信心十足，不是每个人的意志都坚不可摧，大人尚且愿意和认可自己、懂得与欣赏自己的人相处，并且希望避开总是打击自己的人，更何况心灵幼小稚嫩的孩子呢？他们的信心之火是很微弱的，需要呵护，如果我们给他们加油，他们的信心就能够像熊熊烈火一样燃烧；如果总是遭遇冷水和凉风，他们的信心之火会在孤独中暗淡无光甚至熄灭。其实，欣赏和赞美是一种艺术成分很高的鼓励，是一种爱。

三、学会感恩

老师要怀着感恩的心情去看待学生的进步，有了感恩，就会有发自内心的赞美；有了感恩，那种对工作的热爱就会源源不断。感恩的心让赞美上升为一种艺术，要把赞美艺术性地对学生表达出来。在这个过程中，学生也学会了感激、学会了爱、学会了另一种形式的赞美，那就是加倍努力取得好成绩。

记得刚入大学的时候，我英语说得不是很好，而其他同学都很强，很多次team work我都不敢上去。在老师布置的一次team work中，没有同学愿意找我做组员，因为大家都想强强联合拿好成绩，当我鼓起勇气走到一个组，用早已准备好却还是颤抖的英语自我介绍，并问是否可以加入时，一个同学大声对我说："哈哈，我知道，听你口音一定是湖南的。"那一瞬间，我真的很难过，心想，我再也不想参加了，为什么要把我分到英语系，当别人操着纽约口音的英语相互流利地交流时，我却一开口就是家乡音。这时候，我们的精读老师看到了我的尴尬，拍拍我的肩膀诚恳地说："你说得很不错，你很有潜力。"我听了很感动，泪水盈满了我的眼眶，我非常明白我没有他们好，但有了老师的支持和鼓励，我当时只有一个想法，我一定要对得起她的信任。怎样不辜负别人对自己的鼓励与信任，那就是加倍努力地去争取好成绩，对得起这种信任。我不会让相信我的人失望的，从此，从音标开始，我每天早晨早起苦练英语。后来到学期末的时候，我果然取得了很大的进步，超越了别人，也超越了自己。至今我都特别感谢那位老师，也十分怀念那段苦练英语的时光。

我们还要学会感谢那些常常犯错的孩子，那些努力的孩子。孩子们十分单纯，他们其实特别愿意帮老师的忙，看到老师的微笑、得到老师的肯定，对于孩子来说是十分开心的。但他们还小，正如一位哲学家所说"孩子是天天犯错误的人"，他们不能集中注意力、不能遵守规矩，好玩好动是他们的天性。但他们努力了，并且取得了进步。孩子本来就是上天的恩宠，我们要感谢他们，感谢他们给予我们思考与精进的机会。在我们感谢的目光和话语中，他们得到了被肯定的快乐。他们会继续努力，而在他们的努力和成长中体现了我们的价值。

教学是艺术，以艺术之道，促教学之长。学会发现，学会欣赏，学会感恩，教学会很美好。我们以教学感受爱，以教学传递爱。

让我们带着727个梦想飞翔

——2007年走在行知路上的爱和梦想

　　我是一位普通的小学人民教师，我喜欢我的工作。自从来到行知小学，我就看到，这里有一群人，用爱心教育这里的孩子，为了孩子们的将来而努力工作。幸运的是，我成为这群人中的一员。行知小学是我们共同的家，在这里，有开明的领导，有热心的同事，更有天真可爱的孩子们，我们一起走在这条生机盎然的行知路上，追逐梦想！

　　陶行知说："只要有一滴汗，一滴血，一滴热情，便是创造之神所爱住的行宫，就能开创造之花，结创造之果，繁殖创造之森林。"我期待自己成为一位能用自己的热情和汗水创造好成绩的老师。孩子们很可爱，也很聪明，我相信他们都是有潜力的天才。我迫切地希望能找到最好的教学方法来教他们，希望他们能快点掌握知识，学好本领，去迎接美好的未来，实现他们的人生价值。刚来行知的时候，面对孩子，我抱有各种各样的幻想，幻想他们成为文学家、艺术家、亿万富翁，甚至国家领袖！但是现在，我不完全这样想了，我希望他们不仅仅是学好课本上的知识，有自己的特长；我更希望他们能够平安、健康、快乐、自在地成长，因为我爱他们。他们的路还很长，在行知，他们应该有一个健康快乐的童年；在行知，他们应该塑造一个健全的人格。尼采说，一个婴儿从无力的状态站起来，不是因为他的双腿有力，而是因为他的思想产生了力量，要站起来。我相信我们和学生能创造行知美好的未来。

我办公室的同事林菊香老师对我说，你要是不来教小学真是浪费了。谢谢林老师，其实我觉得我就是为来这里教书而生的，我热爱教育，热爱孩子。我们行知一共有727个孩子，727个孩子就是727个希望、727个未来。727个行知的学生和他们的老师在这个生机盎然的学校一起生活成长，一起努力学习，我们行知人有谁能不被感动呢！我热爱这里的一切，我的三（2）班和两个一年级的孩子们，让我感到如此骄傲！如果可以的话，我想一直带着他们，直到他们小学毕业。

727个孩子就是727种个性，老师在让他们懂得团结、友爱、合作、宽容的同时，还应该保护好他们的个性，让727个不同的梦想在同一个跑道上起飞，而我们为他们的起步腾飞助跑。泰戈尔说，天空没留下翅膀的痕迹，但我已飞过。站在这里，我想说，天空没有留下我们的痕迹，但我们正在飞翔！

我们53位老师也都有自己的个性，有自己的专业和特长，让53种不同的个性在同一个志愿下发展；让我们继续并肩同行，带着727个梦想飞翔！

让行知的教育鲜花开遍天涯海角，让我们的梦想能够展翅飞翔！

2008年"走在行知路上"
——第二届青年教师演讲比赛主持词

时间过得真快啊，今年已是我走在行知路上的第二个年头了。

记忆真是奇妙啊，许多事儿都已经忘了，唯独行知路上的故事，点点滴滴，沉淀在我记忆的深处。

我记得，我就是沿着这个方向走进行知学校的，跨入校门，穿过大堂，把我的梦想种植在行知美丽的校园里。

我记得，我就是这样教育孩子的，捧着一颗心来，不带半根草去。

从东南西北，我们走进了行知的校园，以教育者和壮志者的双重身份——壮志飞扬！

从五湖四海，我们走进了行知的校园，以教育者和壮志者的双重身份——壮志飞扬！

在行知，我们以最茁壮的方式迅速成长，诗词歌赋、天文地理，全都装进臌胀的行囊；

在行知，我们以最时尚的方式沐浴阳光，海外新风、前卫思想，都是我们远行的行装。

我们一起走在这条生机盎然的行知教育路上。

1. 教育过程中有鼓励也有批评。批评教育需要艺术，而赏识教育往往更能达到育人效果。陶行知先生"四颗糖的故事"是赏识教育的典范，它启发我们作为教育工作者应该具备童心、爱心和责任心；只有心中装满浓浓的真情，才能收获孩子最珍贵的爱。有请陈素容、周禹辰、陈亮君、徐莉莉、郑秀芳五位老师及一些可爱的同学为我们带来本次演讲比赛的第一个节目《播种真情，收获真爱》。

2. 行知先生重视儿童的科学教育，因为他相信，儿童是新时代的创造者，决定了国家和民族的未来。李碧霞老师担任科学课程的教学，她对学生发出了这样的呼唤：做一个科学的孩子。因为行知先生说过："有个科学的儿童，自然会产生科学的中国和科学的中华民族。"

3. 赏识教育是生命的教育，是爱的教育，是充满人情味、富有生命力的教育。王丽、叶小兰老师和两名可爱的同学将再现行知先生"四颗糖"的经典故事，让我们学会赏识，对孩子们竖起大拇指，让我们的班级成为"爱的磁场"，让家庭成为"爱的港湾"，让老师成为"爱的化身"。

4. 行知先生不仅将关注的目光投向教师，对于少年儿童求知学习的方法，他也经常有所指点。接下来有请刘羽宁、叶璐两位老师和几名同学为我们共同演绎"点石成金"的故事，告诉我们"行知爱、满天下"。

5. 每个孩子都有属于自己的闪光点，就像陶行知先生说的那样：人生天地间，各自有禀赋。学生都是老师的孩子，我们要像对待自己的孩子那样去关心他们、要求他们、培养他们，这样才对得起他们。下面，就让袁生慧、李进两位老师带我们一同走进那座"快乐的心灵牧场"，去感悟教育的魅力。

6. 行知先生的"爱满天下"如春风化雨，沁人心脾。聪颖的孩子有明亮的眼睛，明亮的眼睛应该用来发现生活中一切美好的事物。周亚辉老师说："聪颖的孩子有纯洁的心灵，纯洁的心灵应该用来感受爱——爱，就在身边。"

7. 教育的路上，肯定会有很多意外的惊喜与收获！班主任谢小焱老师在行知路上上下求索，用陶行知先生的方法和理论，让教育变得润物无声。

8. 有人问："教育，意味着什么？"钟雪芬和余薇老师用优美的语言这样回答："教育本身就意味着一棵树摇动另一棵树，一朵云推动另一朵云，一颗灵魂唤醒另一颗灵魂。"这分明是在告诉我们：有爱就有一切。

9. 体育是什么？田源、钟萍、温彬三位老师认为，体育是健康的教育。

10. 冼丽君老师给孩子们准备了一封信，这是一封特别的信，它以宽容为信封，以爱心为邮票，把老师的尊重、理解、引导、保护、等待、接纳寄到孩子们的心窝。忘了说一句，那信封上盖下的邮戳直到永远！

11. 我们行知小学的办学理念是什么？真、善、美、爱。魏艳琴老师对于这简约而不简单的四个字有着自己深刻而独到的理解。她常常问自己，what is love？她最终也感悟到，love is all。

12. 汶川大地震中无数水泥钢筋搭建的高楼倒塌了，人民教师却依然巍然挺立。他们沉着、冷静、机智、无畏，用鲜血甚至生命维护师尊，铸就师魂。请欣赏由陈志标、苗青、钟明艳、李星星四位老师带来的节目《师魂无悔》。

13. 有两种情感，从古至今纠缠不清，没有人愿意摆脱它们，更没有人能够摆脱它们。罗冠琼老师说，这两种情感是爱与恨，因为只有爱才能迁就恨，也只有恨才能够体现爱。

14. 人生一定要快乐，不仅为自己，也为别人；因为快乐的人最美丽，也最有魅力。邹建辉老师将告诉大家"如何有效地获得快乐"！他说：好朋友在默默地支持你，让我们一起努力！

感谢邹老师富于智慧的演讲，从今天起，让我们有效地去获得快乐。朋友们，让我们行动起来吧。插上青春的翅膀，承载快乐和梦想飞翔。

看，启程的行装早已备好；

听，远行的歌声更加嘹亮。

你看啊，花草芬芳，树木葱郁，老师们的激情在绽放！

你听啊，书声琅琅，欢笑阵阵，孩子们的梦想在天空翱翔！

因为我们是行知的老师，这就是我们应该、能够、必须托起一片蓝天的理由。

因为我们是行知的老师，这就是我们应该、能够、必须燃烧自己顶天立地的力量！

行知见证着老师和学生的成长；

老师和学生的成长将铸就行知的辉煌。

让我们一起创造行知小学更加美好、更加辉煌的未来。

行知小学2008年度走在行知路上青年教师演讲比赛到此结束，感谢各位领导、老师的光临，谢谢大家！

（左灿、陈莎）

有效德育这样做

——访有效德育的践行者民治二小（行知小学）满小螺校长

2010年春季开学不久，宝安区教育系统下达了一份关于推选和培训一批"教育系统记者"的文件，我有幸成为这份"记者"名单里的一员。这是当时培训的第一份作业，要求大家回去之后写一篇访谈。当时我任职行知小学德育处副主任不久，工作理念不太熟悉，没有整体概念，处于"被动"和"碎片"模式中，这使得我在工作中很吃力，就着这个机会我以"有效德育"为中心词采访了满小螺校长。这次访谈不仅使我按时、按要求上交了作业，更重要的意义是通过这次访谈，我更全面地了解了学校德育的理念、策略、要求与方向，对我后来的工作开展与落实具有很强的指导价值。

采访对象：宝安区民治二小（行知小学）校长满小螺。

记者：宝安区民治二小（行知小学）教师左灿。

满小螺校长，宝安区优秀校长，深圳市优秀督学。在她领导下的民治第二小学，努力探索以儿童为中心的德育工作，用童心乐育辅助宽松有效的德育，大胆实践，四年半来，取得了显著效果。

记　者：满校长，您好！在您的学校，德育是既有特色，又有效果。请问在您的心中，德育到底是什么呢？

满校长：德育的本质是精神成长，把一个自然人培养成社会人。

记　者：几乎每一所学校都不缺失德育，但并非都能收到好的效果。您曾提到"有效德育"，那怎样的德育才是有效德育呢？

满校长：关于这个问题，我谈两点。

第一，有效德育首先要找准育人目标，要清楚学校要把孩子培养成什么样的人。根据目标判断孩子与理想的目标还有哪些差距，然后再去完善。比如在我们学校，是要培养"真善美爱"的人，那就先要了解是"真"方面有问题还是"美"方面存在不足，然后根据实际问题具体分析，有针对性地因材施教。当然采取什么样的办法去解决，是说服、打骂还是循循善诱，这需要教育者既拥有教育智慧，也要懂得教育艺术。

第二，有效德育是身体力行的德育。德育和智育的不同在于身教，因此要求老师和家长不仅这样说，也是这样做的。口头上的德育不仅无益，反而容易成为说教，会让孩子觉得这个道理是成人骗人的理由。换句话说，你自己没有的，你就无法真正给予。俗话说"大做小学"，也许就是"有效德育"对育人者提出的要求。

小孩子具有向师性，有样学样。老师在他们的心目中具有极为崇高神圣的地位，而一些老师往往容易忽略这一点。比如讲解关于"爱""勇敢"等话题的德育课文，课上激情四射，可下课铃声一响，"爱"没有了，"勇敢"也不见了。或者对一个正处在病痛中的孩子不闻不问，或者该维护正义的时候又找理由逃避责任，说的和做的完全脱节。"艺高为师，身正为范"，有效德育要求老师不仅是教导者，还应该是示范者。

目前一些学校的德育效果甚微，甚至适得其反，问题就在以上两点：目标不清楚，或者老师只言传不身教，影响德育效果。

记　者：是不是只要追求"目标清楚，言传身教"就能得到有效德育，解决很多学校面临的德育问题呢？

满校长：当然不是，教育是一个系统的工程，我们还需要取得社会各方面的关心和支持，努力营造理想的德育环境。

记　者：那您希望在您的学校实现一种怎样的有效德育环境呢？

满校长：理想的德育环境当然是我们的老师具有较高的言传和身教的能力，具有较高的教育智慧，能够游刃有余地解决育人过程中的问题。再者就是整合学校、家庭、社会等多种资源，为儿童教育所用。

记　者：在德育工作实践的过程中，您和您的学校遇到过什么难题吗？

满校长：困难肯定是有的。像这种宽松的德育模式，首先，要求老师自觉，不是很好操作。其次，由于身教本身要求高，一些老师身教能力的局限会影响育人效果。比如要培养学生较高的审美情趣，而一些老师自身并不具备这个能力或者水平不够高，只有一滴水，没办法给孩子一桶水。再次，我们这种全新的德育模式没有可借鉴的东西，只能边做边学，在"做中学"，在"学中做"。

记　者：看得出您在做的既是一种探索，也是一种挑战。您又是怎样着手解决这些实际困难的呢？

满校长：针对这些问题，我们也提出并实施了一些办法。首先是确立一些相应的制度或文字引导，如对教师的岗位负责提出制度要求，每周定德育主题、行为训练要点、安全指导要点等。其次是给老师开展各种培训，提高老师的身教能力，如请形象设计师给老师上课、邀请美国纽约大学教授玛丽介绍纽约教育动向、组织老师参观观澜版画基地等。再次是探索学校校园文化建设，如富有儿童气息的彩色教室、画室格局的"罗丹工作室"、车间风格的"鲁班工坊"等，让学校的每一个角落都能发挥影响，把德育渗透在校园文化中；探索突破学科部门界限，德育不仅仅局限于德育工作者，人人都是德育老师；探索突破学校围墙，学校和社会融合；探索对超常、特殊儿童的教育，等等。

记　者：您的这些有关德育的设想是从什么时候开始的呢？是根据什么提出的呢？

满校长：可能跟我小时候的经历有很大关系吧。我个人小时候就不太适应传统的德育，就一直在想，什么样的德育才是适合儿童、受儿童欢迎的德育。

来到深圳之后，发现一些学校还是因循守旧，打分啊、记名啊、扣钱啊，很多烦琐的步骤，最终还是没能解决问题。而自己本身一直有一个想法，一直想尝试这样一种破繁求简，又能直抵学生心灵、轻快简捷的德育途径，所以在我们学校就开始了这样一种全新的、宽松的德育模式的探索。

记　者：谢谢您。愿学校的德育工作蒸蒸日上！

采访的最后，满小螺校长赠送给我她最新写好的一篇文章，题为《未来，学生唱主角》。不难看出，满校长所在学校的工作能开展得井然有序并卓有成效，一个重要的前提是：所有德育工作一直在围绕儿童展开，在努力做孩子的文章，珍视他们的童年价值和将来。满校长是这么想的，是这么说的，也是这么做的。

关键是热爱
——《中小学教师职业道德规范》践行有感

　　童年的一日，堂叔带回一个女孩，她一袭白色的长裙，白色的高跟鞋，齐腰的黑发，温和的笑容，从容轻盈的步伐，美丽极了。后来，她成了我的婶婶。婶婶是一所小学的老师，每次回家，她都是那样的温文尔雅、和颜悦色。小小的我，还不懂"气质""优雅"这些词语，只觉得她身上有一种"美好"，想要靠近她，刻意模仿她。她的形象一直留在我的记忆里，大概就是这份美丽教师的情怀一直在冥冥之中影响我、支持我，读大学去了师范学院，毕业招聘考上了老师。2007年9月，我来到行知小学，成为被人们称为"孩子王"的小学教师，并且做了三年级（2）班的班主任。

　　班主任的工作是辛苦的，因为三年级的孩子很小，班里大大小小的事情几乎样样得过问，而且又是刚开学，事情特别多。班主任的工作又是幸福的，作为班里42个人的主任，我掌管着大大小小的事儿，而更多时候像是42个人的大姐姐，关心他们的学习和生活。因为是第一次做班主任，具体的工作可能还是做得不够到位，但我总觉得用我真挚的心去热爱学生、关心学生始终是不会错的。

　　这学期，学校组织老师们学习了《中小学教师职业道德规范》，其中的核心问题就是师德问题，师德的核心问题就是"爱"。这种"爱"必须是排除了私心和杂念的父母般温暖慈祥的爱，是恩师般高尚纯洁的爱。热爱学生，要对每名学生一视同仁，不能偏爱一部分学生，而冷淡或歧视另一部分学生。精心培育、无私关爱每一名学生，让每一颗金子都闪闪发光。回想起去年我带的一年级班中的小林，他会在课堂上大声吼叫，或到处爬，随时捣乱。有一次为了抢黑板擦擦黑板，还抓另一个小男孩的脸。当时，我把他们分开之后把黑板擦给了小林，说："你想擦黑板，想为班级做好事，这很好，但抓同学的脸，用这样粗鲁的方式抢黑板擦，同学会感到很害怕，老师也会很担心你们的安全。你愿意把这份力量用在为班级服务上，把黑板擦得最干净、最漂亮吗？"没想到，他真的如我说的那样，把黑板擦得很干净。从那一次开始，我试着更多地请他做一些事情，如擦黑板、搬练习册、提录音机等，我不断地赞赏他，他也很乐意地接受我的赞赏，并且能很出色地完成我布置的任务，甚至比其他孩子做得更好。可见对于他的可爱，以前给予的关注太少。我们在课堂上相处得越来越好，他母亲告诉我，小林很喜欢英语，并希望我能更多地鼓励他。我不知道我平常小小的举动竟然会对他产生那么大的影响。那一刻，我感到很满足。现在虽然不教小林了，但每次小林见到我，远远地就会跟我问好，他也依然很听我的话。原来，真的会"送人热情，心有余温"啊。

　　我现在带的四年级两个班的学生正处于世界观、人生观逐步形成的阶段，十分需要教师对学生精心培育。我常常想，教育是个性的，有时除了"疼爱"以外，更需要的是给予学生一种"宽容"。师德的践行并不意味着就得抛家舍命地去奉献，有时只需给学生一个舒心的笑容、一句真诚的问候、一次豁达的宽容、一双温暖的手……其实，师德本来就应贯穿在这样的点滴实践中，贯穿在这样的教育细节中，它源于我们教师对学生诚挚的爱和对教育事业坚定的信念。

我奉献，我快乐，教师对我来说具有任何职业都给予不了的特殊幸福感！我热爱教师这个职业。我相信只要心存美好，坚持热爱每名学生，关心每名学生，发现他们的闪光点，并点亮他们的闪光点，那么一定会硕果累累。

播种"兰香"，搭建"友谊桥"
——民治二小与揭东县新亨镇的学校手拉手开展教研交流活动

2009年12月10日，民治二小迎来了揭东县新亨镇考察团一行28人，双方进行了卓有成效的交流。

民治二小领导高度重视此次教研交流活动，在学校会议室举行了热情的欢迎仪式。仪式上，揭东县教育局正式聘请我校领导和部分骨干教师为揭东县新亨镇硕联初级中学等19所学校的名誉校长、副校长和教学主任，并颁发了聘书。考察团还观看了学校宣传片，参观了学校的校园文化、课堂教学，并就此进行了经验交流。

新亨镇盛产一种叫"兰香"的可食用天然香料，此次活动中，民治二小学生代表钟旖嫣和鲁奕欣同学接受了考察团赠送的珍贵礼物——"兰香"的种子，钟旖嫣开心地说："我想在学校的楼顶开辟一片植物园，让每个班都拥有一片自己的土地来播种'兰香'，亲手为它们浇水施肥，精心地呵护我们的友谊之花，让我们在充满友情和飘着花香的校园里读书。"

整个交流活动充满兄弟学校间诚挚的友谊和美好愿望，通过此次活动，双方将更进一步发挥各自的资源优势，互帮互学，取长补短，共同进步。

与手拉手学校切磋教艺

2009年12月26日和29日，民治二小（行知小学）到民办学校——东星、明珠学校开展英语教学交流活动。在此次活动中，民治二小的陈亮君老师分别在这两所学校上了一堂精彩的英语课：Book2 Unit9 Colours。陈老师功底扎实，教学风格朴实自然，整节课没有利用电教设备，而是大胆地采用英语与音乐相融合的教学方式，课堂充满情趣，深受两所学校孩子的喜欢，并受到了老师们的高度赞赏。东星和明珠也分别为我们展示了两堂英语课，课后我们进行了评课等教学研讨活动。

民治二小领导高度重视这次交流活动，要求老师们在开展活动前一定要认真准备、精心设计，保证效果。

这次交流活动，三校相互学习、互相切磋，增进了了解、加深了友谊。学校计划明年将再次与手拉手学校进行语文课和数学课的研讨，实现同发展、共进步。

走向国际舞台，展示艺术教育风采
——民治二小"奥尔夫学生自在乐团"赴京演出侧记

2010年8月1日至6日，第29届世界音乐教育大会在北京国家会议中心举行，中外音乐界的专家名师汇聚一堂，共商艺术教育，分享艺术成果。办学仅短短五年时间的民治二小"奥尔夫学生自在乐团"作为深圳唯一的学生团体应邀参加了此次盛会，53名成员和指导教师尚世杰登台参加了大会的专场演出。这充分体现了本次世界音乐大会的教育主题：艺术是每一个人的。演出非常精彩，全场座无虚席，一个个充满儿童情趣的节目博得了现场观众一阵阵热烈的掌声与欢呼声。演出结束后，澳大利亚的莎拉教授，中国音乐教育主管领导吴斌教授，星海音乐学院李妲娜教授，广东省主管艺术教育的领导伍向平老师，深圳市音乐教研员徐沛然、胡樱平老师及宝安区音乐教研员赵瑞平老师等国内外音乐专家对孩子们的精彩表演给予了高度赞赏与肯定，并祝贺他们演出成功，还和孩子们一起合影留念。

民治二小"奥尔夫学生自在乐团"成立于2006年9月，是基于满小螺校长提出"艺术第一""用艺术涵养孩子的心灵"的教育思想组建的其中一个社团。乐团成员并不是学校里的音乐"尖子"生，他们有高的、矮的、瘦的、胖的，大部分都没有受过专业的音乐训练，能来到乐团，完全是因为学校奥尔夫音乐课堂那种和谐、轻松的氛围吸引了他们，让他们爱上了音乐。在自在乐团中，孩子们和老师共同创编音乐作品,如此次演出的表现同学间友好交往的《好朋友来了》等。"奥尔夫学生自在乐团"此次赴京成功演出是民治二小"面向全体孩子"的艺术教育取得的又一硕果,充分展示了深圳宝安民治教育的亮丽风采。

　　此次赴京演出得到了宝安区教育局和民治街道各级领导的大力支持与关注。民治二小艺术教育将在此基础上,向新的台阶迈进。

国旗下的温馨祝福
——记"三八"妇女节庄严而温馨的升旗礼活动

　　2010年3月8日，星期一，是第100个国际劳动妇女节。为了庆祝这个特别的日子，行知小学开展了一次庄严而温馨的升旗礼活动。

　　庄严的升旗仪式结束之后，学生和老师代表分别做了讲话。一（1）班的刘畅同学倡议同学们用自己每天的进步去祝福和感谢妈妈和女老师。青年教师王丽老师以"做一个宽容的女孩子"为题，结合两个哲理故事，亲切而生动地告诉孩子们，做一个宽容的女孩子，需要智慧，需要与人为善，不斤斤计较，这样生活才会每天充满阳光。之后，在欢快的乐曲中，一群活泼可爱的孩子手捧鲜花，欢呼着朝老师队伍跑去，向他们优雅、智慧、和蔼的女老师们送上惊喜与祝福。女老师们收到孩子们的祝福，手捧鲜花，脸上洋溢着欣喜和幸福，有些还感动得热泪盈眶，全校上下沉浸在和谐、温馨的氛围中。

　　升旗礼是学校每周一早晨都坚持进行的德育活动，若遇上极端天气，也依然如期在室内进行。恰逢"三八"妇女节的升旗礼，我们不仅抓住契机适时地对学生进行了感恩教育，同时也增强了教师团队的凝聚力。认真开展好每周一的升旗礼活动，让德育活动庄严而又丰富多彩，使德育工作真正走进学生生活，潜入学生心灵。

兔年开学典礼，在哲理中迎接大运会

哲学是一门智慧的学问，每一个儿童都是天生的哲学家。

学校2011年春季学期各项活动的中心主题是"儿童哲学"，由于今年是兔年，2月16日上午，民治二小在兔年说兔子的哲理故事中启程了。

开学典礼上，满小螺校长请同学上台讲了"兔子当生肖的来历"和"守株待兔"等故事，点燃了孩子们思维的火花，大家对故事提出了不同的见解。于是，校长请同学们把各自的见解写在"给校长的一封信"中。之后，全校师生进行了大运会的宣誓和祝福仪式，思维的火花继续燃烧："祝大运会办得好！办得妙！""愿大运会提醒大家多多锻炼身体！"为了让更多的孩子表达对大运会的心声，在下午的班队会上，各班开展了大运会知识分享会及"迎大运，讲文明，从我做起"签名活动。同学们认为每个人都是深圳城市形象的一部分，表示要更多地了解大运会、参与大运会、奉献大运会，争做文明的小使者。

本学期，学校还将围绕"儿童哲学"开展"悟哲理、讲文明、迎大运"的系列活动，让学生在活动中感悟哲理，锻炼思辨能力，学会多角度看问题，最终学会有智慧、有创意地生活。此次开学典礼中的兔子哲理故事作为一个良好开端，启动了新学期的哲学之旅。

校园的宠物

那一日，行知的校园里来了一群"小客人"。一开始，他们还有一点怯生生的，藏在小池塘的桥底下，挤成一团；只有中午孩子们都回家午休时，他们才会大方地跑到小花园的小石子路上伸伸懒腰，梳梳羽毛，享受着午后的静谧与阳光。大抵是被小孩子们的吵闹和过分喜爱吓到了。对于这群新鲜的"小客人"，孩子们兴奋极了，一下课就跑到小池塘去围观，有的拍手，有的呼喊，有的给他们喂饼干、喂巧克力，直到上课也迟迟不肯离去。

问题就此产生了，有的同学因为看鸭子，忘记了喝水、忘记了上洗手间、忘记了课前准备、上课迟到……怎么办？问题即成长。老师们循循善诱，告知孩子们如何友善地表达对鸭子的喜爱，与他们和谐共处。为了保护鸭子的安全，少先队组织的"行知护鸭队"应运而生，护鸭队成员都是五年级同学，他们每两个一组轮流值班。一开始我们还担心，这么小的孩子，能不能保护好鸭子，他们能否记得自己的值班任务，他们会不会徇私舞弊去抓鸭子、摸鸭子。结果，孩子们的守时、公正、负责超乎老师的想象，他们提醒同学们在鸭子认为安全的距离内打招呼、观看。孩子们不再"戏弄"鸭子，鸭子们也放松起来，他们的活动范围也由小池塘扩大到校园的走廊，常常在上课的时候，会发现他们结队在走廊里散步；有时候几只鸭子排着队站在教室的门口，探头仰望师生上课的情景，似乎在倾听、在欣赏。那一刻，真想在教室的某处安几套鸭桌鸭椅，邀请他们一起上课。

没过多久，这种稳定的相处模式随着鸭子的长大被打破了。他们的食量越来越大，他们的便便也越来越多，他们开始换毛，他们也开始搞"恶作剧"——戳死了池塘的鱼……他们又成了校园热议的对象。有人说把鸭子送走吧，让他回到大自然去；有人说让有条件的学生领养吧；有人说用这些大鸭去换几只之前的小鸭子回来；甚至还有人说待学校食堂开张的时候，杀了吧，绿色食品。商量来商量去，这些赶走鸭子的方案都让人于心不忍，最后还是决定把鸭子留下来，但介于他们四处散步落毛发，还洒下扇形的便便影响环境卫生，学校安排工人做了一个围栏，圈了一个小池塘外加小花园的一角给鸭子。这次的问题真险，鸭子们的自然长大差一点要了他们的命，想来都后怕。

如今，这四只鸭子生活在属于他们的小天地里，时而到小池塘游游泳，来几个"潜水"后，甩甩头、拍拍翅膀；时而来到岸上的花丛中互相戳戳羽毛，然后依偎在一起休息。"行知护鸭队"的成员们每天都会喂食、守护他们，花工隔几天会给鸭子的池塘换水。孩子们在上学和放学的路上看看鸭子，再与同伴耳语几句，鸭子多可爱。大家各就其位，各司其职，与鸭子的相处又进入了一种新的稳定模式。我想，我们最终大概要为他们"养老送终"的，到时，要带领全校师生举行一场怎样简单而隆重的葬礼呢？最好写下一篇纪念词——鸭子的葬礼。

我们常常教育孩子要"善"，到底如何做到"善"呢？著名的国学大师傅佩荣先生讲过三原则：内心感受要真诚、对方期许要沟通、社会规范要遵守。在引导孩子们如何与鸭子和睦共处时，正是遵守了这三个原则，最终我们才取得了这种效果，这种生动的教育多有意思啊！

开展怎样的家长学校工作

地铁上，人不是很多，但也暂时找不到座位。站在我旁边的是一个戴着眼镜的小女孩，八九岁，长得很标致，大眼睛、鹅蛋脸、中等个子。她站在爸爸跟前，爸爸安静地坐着，一脸沉重的表情，戴着眼镜，长头发，看起来像一位艺术工作者。爸爸拉着她的手，父女俩脸上的表情都不是很幸福。到站时，有人下车，刚好空出两个座位。我们同时坐下，小女孩坐我右边。她和她爸爸之间隔着一位胖胖的中年妇女。突然，我听到一个手指关节敲头的声音从右边传来。我着实吓了一跳，难道旁边的妇人敲这小孩了？不会吧？正当我疑惑之际，一个反手耳光映入我的余光，随即小女孩咽声哭泣。周围的人都惊讶地看了一眼，又收回了目光，谁也不敢吭声。那位妇人可能是小孩的妈妈，按照中国的古训，父母亲打孩子，天经地义，旁人不好说什么。突然一滴水飞到我的右手臂上，又一个更响的耳光打在小女孩的脸上，小女孩依然正正地坐着无声流泪，妈妈板着脸嘀咕着，爸爸很无奈，轻轻地拍拍妈妈的手，大概是说不要这样子。

两站后，我们都到终点站下车了，而我的思绪却没法下车。

为什么这个妈妈会如此生气，以至于当着这么多人的面三次打孩子？而坐在旁边的爸爸感到如此无奈。我不知道这个小女孩到底犯了多大的错误，才惹得这位妈妈如此愤怒，当众三次近乎侮辱式地打人，我的内心真的痛了好几下。作为一位老师，我的学生有没有谁经历过类似的场景？学校和家长的关系应该如何定位，如何一起努力给孩子创造更好的条件与氛围让孩子健康快乐地成长？

在行知小学，家长是学校的上帝，也是学校的伙伴。学校要满足家长的合理需求，取得家长的信赖和支持，争取家长的合作。我们有"和合五步"家校工作法：学前培训家长、活动联合家长、专家引领家长、服务礼遇家长、毕业感恩家长。

每年一年级新生入学前，学校会给家长做入学前的家长讲座，主讲人是校长，主要是介绍学校的办学理念和近年来取得的成就，以及指导家长在入学前应该做好哪些思想上和物质上的准备，家长应该怎样帮助孩子做好准备。

在校期间，学校与家长通过各种方式进行沟通、了解并合作，有常见的家访、家长会，每学期一次的家长学校专题讲座，以及家委会为承办方的课外活动，如马来西亚游学活动、周末亲子拓展活动等；通过互动平台和电话沟通学生平时的表现，邀请家长参加学校的各种活动，如校园舞比赛、艺术节、体育节、开放周、诚信监考等，让家长了解学校，知道学校在做什么，加强了家长学校的沟通，也拉近了亲子关系。每学期根据不同年级的需求聘请专家为家长举办讲座，让家长学习科学的培育方法。在所有活动中，家校是平等的，学校不是高高在上，在尊重家长意见的基础上安排家长做事情，学校对家长必须是礼貌的。

学生离校时，举行毕业典礼，典礼上感恩家长，并给优秀家长代表赠送礼物。

由于双方的了解与信任，很多家长都尽己所能地支持学校。学校的毽球队每年在酷暑训练时，有家长给教练老师与学生送来解暑的绿豆糖水；有家长为学校引进腾讯资助的10万元的真爱梦想课程；有家长承担学生毕业旅行的策划及带队等，还有很多让人感动的细节。

　　学校的工作就这么尽善尽美了吗？怎样可以更好呢？这是值得思考的问题。我想到的是家庭教育方法要加重培训力度，一学期一次的讲座只能在表面上让家长对家庭教育方法有所了解，真正让家长深入理解并能科学地与孩子沟通，达到教育的良好效果，可能需要系统课程。

对管理的几个形象比喻

在华南师大近四十天的课程学习结束了，写完最后一门课——强海燕老师《西方教育管理研究》的作业，我去图书馆还了书，然后就回宿舍准备收拾东西回湖南老家看望父母了。

这门课我最大的感悟是对管理的几点总结，也就是第二天上课我要用五分钟做报告的内容。

第一句：管理就是弹钢琴。十个手指头要协调使用，平衡各方利益，每个指头的位置摆放、力度轻重和使用频率都将影响曲目的效果。在管理学上说，就是要激发、组织、协调每个组织成员的积极性，以共同达成组织目的。

第二句：管理就是梳头发。首先追求的是梳顺，各个部门要在同一个目标下开展工作，各个组织成员要在同一个目标下各负其责。当头发打结的时候，管理者要及时出来理顺，力度的轻重、梳法的使用则是管理的艺术。总之，梳顺了才能搞造型，并且要把合适的头发放在合适的位置才能发尽其用，塑造出美丽造型。有时候，还要借助外力的支持，如啫喱水、发卡，才能使造型更有型。

第三句：不与上级争风，不与同级争宠，不与下级争功。管理者在管理工作中要注意以上三点，它会带来意想不到的良好外部环境与群众关系。"不与上级争风"，说的是要尊重上级，不是说像古代那样尊卑屈膝，但是一定要有礼貌，遵守规则。"不与同级争宠"，说的是在汇报工作时不要邀功，别人邀功时要补台，不要拆台。这样的好心，别人能感受得到，他们心里会很感激的。其实就是俗话说的"花花世界人抬人"，这次是你抬人，下次人才可能抬你。"不与下级争功"，上级过来视察工作，表扬工作做得好时，要力举下级功劳，不能一人独揽功绩，毕竟事情的圆满是大家合作的结果。另外，"不争"不是不做，自己的事情要做好，要主动做，在这样的基础上还能做到"三不争"，则功芒毕露取代锋芒毕露。

第二篇

02

教学研究

Education
Research

EDUCATION

RESEARCH

走进课堂　拒绝沉闷

　　曾听人说，教师是"五等"人士——等下课、等放学、等放假、等工资、等退休。"五等"人士的说法或许有些夸张，但也折射出教师职业生活的倦怠。初入课堂，往往因为没有经验，所以让人沉闷。而经验稍为丰富，新鲜感却不再，经验使未来越来越没有挑战。那可预知的未来，年复一年的重复，让人很容易慢慢沉闷下来。那么，如何拒绝沉闷，把握课堂呢？

一、培养自己的童心

　　既然是孩子王，想要管理好孩子，老师就必须懂得孩子的心理，理解孩子的情绪，将自己变得有童心，跟孩子在一起的时候，让自己也成为一个小孩子，做一个和孩子有共同语言的良师益友。

　　有这样一则故事：

　　一个暴风雨后的早晨，一个小孩发现沙滩的浅水洼里，有许多被暴风雨卷上岸来的小鱼，它们被困在浅水洼里。用不了多久，浅水洼里的水就会被沙粒吸干，被太阳蒸干，这些小鱼都会干死的！于是他不停地在水洼边弯下腰去，捡起水洼里的小鱼，并且用力地把它们扔回大海里。有个大人注视着这个小孩，看他如此用力地拯救小鱼的生命，很是心疼。"这水洼里有几百甚至上千条小鱼，你救不过来的。""我知道。"小孩头也不抬地回答。"那你为什么还在扔？谁在乎呢？""这条小鱼在乎！"男孩一边回答，一边拾起一条小鱼扔进大海。"这条在乎，这条也在乎，还有这一条……"

是的，小鱼在乎！我想，那个大人可能早已攀登理性高峰，或者圆于世故，但他也是个早已远离童真的人。

回顾一下我们的教育，我们很多时候缺少的正是这种生命意识，没有把学生视为有生命的个体，我们每天要面对很多的学生，也许已经习惯了。可是对他们自己来说，每个人都是独一无二的，一个人就是一个世界。把孩子当作孩子，每个孩子都是一个可爱的小精灵，他们有自己丰富的内心世界；把他们看作自己的孩子，爱他们、懂他们。每个孩子的心灵都有一把锁，作为老师，手中要有千千万万把钥匙，才能打开他们的内心世界，也才能走进他们的内心世界。想要拥有这一把把钥匙，仅仅有对孩子的爱是不够的，还必须有相关的儿童心理学知识和对这些知识的创造性运用。

二、做童心的领航人

在了解了孩子的情绪、理解了孩子的行为并能和孩子打成一片的时候，老师要注意把握好焦点和方向，在学知识的路上牵着孩子的兴奋点走，做童心的领航人。

儿童的思维是很活跃的，活跃的思维更具有创造性，然而儿童所拥有的学识和人生经验是有限的，还不具备良好的辨别能力，容易走极端或陷入误区。这时候，老师就要及时地站出来，给他们分析他们可能会遇到的情况，再引领他们朝着正确的方向前进。

一次英语课，学习一些家务活的词组，为了吸引孩子们的注意力，引导他们在生活中使用英语，我请同学到台上表演相关的动作，其他同学看着我出示的卡片对台上的同学发出指令。孩子们先前还配合得很好，尤其是台上的同学，使尽招数，把sweep the floor，make the bed，water the plants 等表演得淋漓尽致。班里幽默的Eddy还边"洗碗"边自己配乐"洗刷刷洗刷刷"，下面的同学欢快地笑着，我想绝大部分同学看到这个动作后一定可以明白他的意思。遗憾的是有同学开始跑题了："你洗得太快了，不干净啊！""你的姿势好滑稽哦。"……他们的思维跳跃太猛烈了，已经跳到课堂外面去了，如果老师不加以引导的话，那么课堂将会一片混乱。幸好我有上课口令和比赛机制，在他们思维要跳出课堂的时候把他们拉回来，然后迅速地转到另外一条知识轨道上。

做童心的领航人，时刻紧密结合知识点，牵住孩子的兴奋点从一个知识点转移到另一个知识点。

三、学演员的表演技巧

要拒绝课堂上的沉闷，有了儿童心理学作为理论依据，再加上一颗纯真可爱的童心，还需要学习一些演员的表演技巧。

一个受欢迎的演员，他的一颦一笑、一举一动都能吸引观众。如何去吸引、如何吸引住，就要靠他的演技了。如果一位老师把自己当成一个敬业的演员，有了一定的表演技巧后，那么他在备课的时候就会有意识地思考课堂中的某一句话用多高的声音、用多大幅度的动作、用何种表情来呈现给同学们。这样细致地备出来的课，自然备受欢迎。

观众给演员最高的评价是热烈的掌声，而老师从学生那儿得来的最高评价是专注的神情和舒畅的笑容。一个演员得到观众的认可后，他会更加热爱他的事业；而一个老师得到学生的认可后会觉得工作更加有趣，会有更多的灵感创造出活力课堂来。同时，小孩也是很喜欢表演的，让他们在小小的舞台上，把自己学到的一些知识演出来，他们会有一种满足感，兴趣往往是这样扎根的。

曾经观摩过一位英语名师的课，她在教育这片热土上已经耕耘了多年，但她的心依然飞翔在儿童的世界里。她总是可以把课堂模拟得栩栩如生，带领着孩子在知识的殿堂里由一个场景走到另一个场景，每一个场景都是那么生动有趣，每一个场景都让人有身临其境之感。比如她在教授二年级英语On the farm 这一课时，她让孩子们在普通的教室里感受了动物世界。她首先呈现给孩子们的是一部非常精美的幻灯片，上面的动物园里有各种动物，在带着孩子们认读各种动物朋友后，玩了一个"What animal is missing?"的游戏，动物们在高科技电脑软件的帮助下一个个都消失了，这时候，老师带着万分惊讶的表情，用非常惊讶的语调问道："Oh, my god! Where are the animals?"并开始到处寻找呼喊动物，教室的天花板、桌椅、地上、教室的其他角落，她都非常逼真地寻找着。二年级的孩子也许不懂"Where are the animals？"这句话的意思，但他们从老师创设的情境和富于童心的表演中明白了。他们也奇怪，动物去哪里了呢？也仰头、低头、扭头寻找起来。这时，老师又把一部精美的幻灯片呈现在孩子们的眼前，幻灯片中烟花的爆炸声和五彩缤纷的颜色把孩子们吸引过去了。此刻，老师不失时机地惊叹道："Wow, they are here! 噢——他们原来到这里来参加选美比赛了！"就这样，老师和孩子们融为一体，在一连串的惊喜与快乐中享受知识。

这一课的成功，在于这位老师有一颗纯真可爱的童心，并且很好地把握和引导了孩子们的心理，在逼真的表演中完成了教学任务。在这堂课中，沉闷离得远远的，这正是我们课堂要追求的境界。

孩子是老师的作品之源，发现孩子，了解孩子，解放孩子，信任孩子，变成孩子，才有可能教导孩子。课堂是老师和孩子的共同舞台，采用童心、采用知识、采用智慧，拒绝沉闷，让这个舞台焕发光彩，让"五等"倦怠随风而散。

以故事之道　促教学之法
——"名师走教"研讨会心得

2009年11月24日，在民治街道六一小学礼堂，听了胡晓玲老师执教的Book4 Unit8 On the farm一课。胡老师以当下深受儿童欢迎的动画片《喜羊羊与灰太狼》为依托，把本节课教学涉及的sheep，pig等动物名称编进以喜羊羊、灰太狼及这些动物为角色的故事里。孩子们在有趣的故事情境里学习词汇、操练句型，愉快地进行语言习得，这充分体现了故事教学法在小学英语教学中彰显的优势。

小学阶段，特别是低年段，学生处于形象思维的认知阶段。故事的形象性、情节性、趣味性符合学生思维发展的特点，为他们提供了无比宽广的想象空间；同时，故事为学生的英语学习提供了丰富的积累语言经验的宝库。

一、故事教学激发、维持学习兴趣

R. Gardner和W. Lambert的第二语言习得理论研究表明，最成功的学习是那些既有天赋又有极大学习动力的人。对于学习者来说，只有他感兴趣的东西，才会使他产生学习的欲望和动力。小学生生性好动、好奇心强，对新鲜事物有浓厚的兴趣；而故事拥有生动的人物形象、丰富的想象和跌宕起伏的情节，适合低年段学生的年龄特点。因此，学生对故事有一种持续的需要。在胡老师的课堂上，这些二年级学生乐意在故事中理解单词的意思，通过对动物们帮助喜羊羊摆脱灰太狼追踪这一故事情节进行推测，更加形象地理解生词。同时，不断激发学生去理解蕴含在故事中的更多的语言知识，如拓展的句型 I can help you / You are strong 等。新授后，学生不停地读故事、表演故事。以故事作为载体和手段，学生在不知不觉中习得语言，没有丝毫的压力，学生也自然而然地和英语成了好朋友。

二、故事教学培养学生良好的语感

过去我们在教学中主要把精力放在词汇、语法的传授上。教师讲解，学生大量做题，以应付考试，根本无暇顾及学生的听力训练。学生学了几年英语，耳不能听、口不能言、笔不能写，即使勉强能说写，也是些书本语言，脱离实际运用。采用故事教学，学生必然接受大量的听、读输入（input），经常感受英语的发音、音律和语言的整体结构。学生在故事之中接受有关情节、情景的介绍，从教师给出的语音信息中理解含义，慢慢积累和吸收英语语言；同时，对教师提出的与情景有关的问题做出反应，自觉或不自觉地运用语言。故事教学的语言重复性比较强，如在这一课中，出现的重复台词 I'm a pig. I can help you / I'm a duck. I can help you / I'm a chicken. I can help you 等。整个过程，学生对语言的认知、加工是完全自然的、无意识的，这使他们能够最大限度地接受语言输入，并从自然的语言输入中抽象出语言规则，获得经验。日积月累，学生自然而然形成"语感"。

三、故事教学促进合作学习与思想交流

当今社会，协作和交流在人际交往中必不可少；课程标准也强调了学生合作学习的重要性。在故事表演环节，学生与小组成员合作，通过生动的角色扮演的方式展现自我，同时树立与他人团结协作的意识，培养人际交往能力。学生对故事表演非常感兴趣，他们在这个过程中领悟到"这项活动需要每个成员的密切配合、积极参与，任何不合作的举动都会导致表演失败"。因此，在活动中，他们不仅积极参加语言实践，还主动帮助基础弱的同学，以使活动取得成功。故事教学促进了学生的合作学习，增强了学生的团结协作能力。另外，故事教学的"谈收获"环节，给学生表达自我的机会，为他们提供了展现自我、了解他人的平台。

由于时间关系，学生未能上台"谈收获"，使得这一优势在本节课上并没有展示出来，但这不并掩盖执教者对教学设计的用心，以及对英语教学的热爱。恰恰相反，胡老师太想在一节课中给予这群陌生的孩子更多的英语熏陶，而让孩子们在恋恋不舍中结束此次英语学习。

英语教学要走的路还很长，以故事之道，促教学之法，让孩子更快乐，让教学更有效。

精彩纷呈的英语文化节

2009年12月25日，民治二小举行的第2届英语文化节在圣诞英语系列活动中达到高潮。本次活动形式新颖活泼，内容丰富，为孩子们锻炼和展示英语水平提供了良好的舞台，大大提高了孩子们的学习兴趣。

早在12月7日的升旗仪式上，英语老师魏艳琴与黄育鹏、丁婧同学的英语演讲就拉开了为期一个月的英语节序幕。接下来每周二第一节的课后休息时间，同学们就在音乐声中像快乐的小鸟一样到走廊上排好队唱英语歌，并一起跳校园舞。在周二英语日大课间，内容丰富、创意不断、载歌载舞的英语活动总让同学们十分喜爱和留恋。还有献给学校的圣诞礼物——"圣诞贺卡制作比赛"活动更是将同学们的心灵手巧发挥得淋漓尽致，充分表达了自己对学校的热爱。

这次圣诞节上午的游园活动和下午在各班举行的题为"We are good friends"的活动，把英语节推向了高潮。游园活动英语科组的老师和孩子们设计了分年级的各种不同的游戏，大家在游戏中使用英语进行交流，展示同学们的风采。下午，孩子们在洋溢着圣诞气息的教室里联欢，各班都有同学扮成圣诞老人赠送礼物，小主持人用英语主持，同学们表演了唱歌、跳舞、英语小品等节目，还玩了英语游戏。活动丰富多彩，场面热烈、欢快。

整个活动都经过老师们的精心策划，加上师生一起富有创意的发挥，让孩子们在寓教于乐的活动中了解世界文化，体味学习英语的快乐，感受使用外语交流的自豪。

"四读"法提高英语学习能力
——2010年12月三（1）班家长会发言

　　语言的学习都是读出来的，英语的学习也重在读，包括听读、跟读、朗读、阅读。接下来我具体阐明一下这四个"读"。

　　第一个是听读。听读就是放音频让孩子听，或者孩子边听边认读，到一定程度的时候，孩子就会忍不住要读出声来。就好像小孩子天天听电视里的广告，结果就可以脱口而出"你值得拥有""今年过节不收礼啊，收礼就收脑白金"等广告词，家长最好每天一早起来就打开播放器，播放内容可以是课文、英语儿歌、英语故事等，越丰富越好，这样会使孩子不容易产生听觉疲劳。

　　第二个是跟读。这个是有意识地边听边模仿读，听完一句按暂停，孩子模仿读出来，没有模仿准确的话再来一次。长此以往，孩子就会有一口比较纯正的英语。要做好这一点，家长首先要给孩子准备好播放工具，前期做好督促指导；一段时间之后，孩子自己掌握了跟读过程和方法，家长只需提醒鼓励，由孩子自主完成就好。

　　第三个是朗读。在前面两个"读"的基础上，孩子已经能比较熟练地读了，那就鼓励孩子大声地读出来，带着情感读出来。在课堂上，有时候我说："你们都是胜利归来的勇士，来吧，读出你们的骄傲吧！"他们就会很起劲地读。在家里，家长也可以引导孩子设计各种角色与情景去读。为了强化效果，家长可以安排"家庭剧场"，孩子是朗读的主角，其他家庭成员做用心倾听的观众，给孩子足够的舞台感和成就感。另外，把孩子朗读的过程录音或者录像，然后大家一起听回放，也是一种很好的促进方式。

第四个是阅读。有了前面的基础后，要拓宽孩子的视野，要进一步培养兴趣，使孩子的英语语言能力上升到一定的层次，阅读是不可缺少的。阅读的材料可以是小学生英文报纸、英语绘本故事等。阅读的时候可以在书上做批注，不会写英语就用符号，如爱心、星星、问号等来表达自己的情感，会写英语的就写英语。我们现在发现的比较好的原版故事集就是典范英语，内容丰富，价格实惠。

做好听读、跟读、朗读、阅读这"四读"之外，到了一定的程度，就可以做一些写的功课了。准备两个本子，一个是好词好句的摘录本，另一个用来写读书笔记、续写故事、创编新故事等。

总体来讲，小学生英语的学习要在兴趣的基础上开展，要激发孩子的兴趣并保护好兴趣，然后运用上面提到的读写方法进行大量原汁原味材料的输入，每日坚持1～2小时，假以时日，就能有所成就。

高效英语课堂初探
——Unit8 At the market 教学反思

　　由于小学英语课时少，英语老师任教班级多，所以，向课堂40分钟要效率，打造高效课堂尤为重要。秉持这一原则，我就本次上课的内容Unit8 At the market，在教学设计上做了一些尝试。

一、明确教学目标

　　本课的A部分内容为6个蔬菜单词：tomatoes，potatoes，onions，beans，cabbages，leafy vegetables；句型：What are these? What are those? They are...

　　B部分的内容为孤立的购物对话：

　　A: How much are the tomatoes?

　　B: These tomatoes are three yuan a kilo. Those tomatoes are four yuan a kilo.

　　A: I want these. May I have two kilos，please?

　　B: It's ... yuan. Here you are.

　　A: Thank you.

　　考虑到高效课堂，让学生在同样的时间内吸收更丰富的知识，我综合两部分内容，把教学目标定为：

　　1. 能认读、听懂tomatoes，potatoes，onions，beans，cabbages，leafy vegetables.

2. 能运用简单的英语进行完整的购物对话。这样的目标紧扣课题，既利用了课本，又高于课本，让学生把所学知识有效地运用起来。

二、整体输入，整体输出

为了学生更好地学习语言，我遵循语言习得规律：整体输入，整体输出。教学设计中对新单词的呈现采用快速整体呈现的方式，打破以往呈现一个后做很多机械操练再呈现下一个的方式。这个过程让学生对本课要学习的内容一目了然，形成整体感知。紧接着，引导学生创编一则完整的对话，其中渗透新单词的巩固操练，并让他们在后来的小组合作中运用新词汇，取得了良好的效果。

三、创设情境，生活操练

高效的课堂一定是能激发孩子兴趣的课堂，让孩子在喜闻乐见的形式下学习。本节课创设在市场买自己喜欢的蔬菜或其他东西，进行讨价还价的情境，与学生的生活贴近，学生乐意参与课堂活动。在这个活动中，大部分学生得到了口语的锻炼，同时，生活化的操练本身也包含了语言学习人文性的一面。

四、几个不足之处

课程设计牢记高效课堂的原则，取得了良好的效果。但有以下几个方面还有待探讨、提高。首先，新单词快速呈现完之后，要不要巩固，怎样巩固；既能节约时间，又能完成整体语言习得，值得在以后的教学中研究总结。其次，教师处理临场突变情况的能力有待提高。比如，当学生过分紧张而不能有老师预想的表现时，老师应该怎样调节课堂气氛？当先前设计的教学步骤不能如期执行，但又要达成效果时，应该怎样在后面的环节中做调整补救？写完这个反思之后，方向更明确了，在以后的教学中，要留意并研究巩固有趣且有效的练习方法；平时要多阅读，掌握更多的素材，这样才能厚积薄发，情急之下也能将问题迎刃而解。总之，老师要不断提高自己的教育智慧。

这节课得到了胡晓玲老师的精心指导，在备课过程中，科组老师也提出了很多很好的建议。比如，魏老师板书单词时先写单数，然后用红笔加上s或者es，单复数不必分开写，以节约时间；颜海波老师"怎样避免两极分化"的教学经验，让所有孩子在课堂上都能激情满怀，受益多多。在此表示深深的感谢！

教研员黎忠老师谈英语教学

首先，必须改变错误的教育观念。要充分认识到英语教育，尤其是中小学英语教育，首先是人的教育，是人的精神的教育，远非仅仅传授语言知识和技能，这是由英语教育的目的所决定的。好的文字后面有情感、有思想、有内涵、有意义，语言教师是学生精神世界的塑造者和思想智慧的启迪者，不是语言文字的"解剖员"、语言知识的"讲解员"或语言技能的"训练员"。语言教育要从有"意思"有"意义"的内容出发，以内容为核心，用内容盘活形式。背单词、记句型、抠语法、做考题、讨捷径，完全违背了语言学习的客观规律。

其次，要掌握正确的方法。学英语要"整进整出"，而且是大量地整体输入、整体输出，使学生从中自然吸收语言。要努力做到每周完成一部作品，围绕作品内容开展各种语言实践活动：或倾听，或模仿，或朗读，或表演，或复述，或讨论，或评说，或改写，或续编，或自创。口、耳、心、眼、手并用，全方位接触语言。说话不求语速快，但求表达有内容。写作不以重复原话、语法正确为满足，而以自创新句、表达深刻生动为追求。这是好学的表现、深思的表现，也是追求知识的表现。

最后，要有耐心和毅力。习惯于在短篇课文上精雕细琢的老师和学生，对十几页甚至几十页的故事往往感到无所适从。这是传统英语教育观念带来的问题。长故事可以越读越短，短课文会越讲越长。实验证明，普通学生完全可以一周完成一部作品。一开始生词可能多一些，读得慢一些，但不要有畏难情绪，要进入故事情节，像读中文小说一样。随着阅读量的增加和习惯的养成，英语学习会变得轻松愉快，英语亦会自然习得。

让孩子被看见
——听松河小学唐小红老师的课有感

　　2010年5月28日上午，我随满校长等12位老师在松河小学参加"双优学校"评估活动，听了一节质朴自然、水到渠成而又意味深长的五年级英语写作课。

　　唐小红老师本人是一位基本功非常扎实、专业素质高、热爱学生、热爱教育事业，也深受学生欢迎的英语老师。一颦一笑、一言一行无不折射出她的教育智慧和教育艺术。对学生精彩的回答，她报以赞许的微笑；对学生因害怕错误而欲言又止的回答，她投去鼓励的目光。在老师的引导下，学生对某一个知识点依然不能切题，正当老师要揭晓答案的时候，一位男生自信地举起了手，她敏锐地发现了该生，并及时地请他说出大家等待已久的答案。"让孩子被看见"，既成就了老师所要达到的课堂效果，也满足了学生需要展示和获得认可的需求。

　　课堂设计自然流畅、一气呵成。设计的每一个环节都尊重学生的认知规律，从课前热身到新内容的引入呈现，再到最后的总结升华，都由浅入深、由简到繁、层层深入。特别是在教学生写作方法的时候，更是得到了淋漓尽致的体现。

　　这节课的目标是让学生学会用一般过去式写一个以"A busy week"为题的e-mail。唐老师首先从过去式入手，她把一些可能用到的词打印在A4纸的上半页，一个个地呈现给学生看，让学生说出它们的过去式，每个学生说完之后都随即呈现在A4纸的下半页，让学生有个记忆的过程。

接着，唐老师用"巧用动词"的方式引导学生运用动词过去式造出丰富多彩的动词词组；等学生造完词组之后，老师呈现更多的动词词组给学生朗读，读完后再让学生笔头练习选两三个写下来。这种方式让学生既有一个输入累积的过程，又有一个思考输出的过程。

然后，唐老师引导学生"灵活扩句"。第一遍，老师呈现简单句子："First，I read a book."学生根据句子扩展。接下来，老师再根据学生的扩展进行总结性的指导，指导学生从how/who/where/why/how many五个方面进行扩展，每介绍完一个方面之后，都及时地请同学按要求说出自己的句子。另外，唐老师给同学们呈现一篇包含了五要素的、扩写好了的完整语篇，让学生读出来。第二遍，老师给学生呈现一个next的句子，学生按照五要素说语篇，说完之后让学生写下来。第一遍老师循序渐进地指导学生写作，并在最后给一个范文；第二遍老师让学生在第一遍的基础上开始自己的创造，很好地考虑了学生的主体地位，让学生真正地运用所学知识。

最后，由于目标是要学生写一篇以"A busy week"为题的完整的e-mail，老师不失时机地给学生一个宏观上的写作指导——How to write an outline？

① 确立主题。

② 列出五要素，有详有略，不要面面俱到。

③ 确定时态，并注意动词的变化。

在宏观指导的时候，老师很艺术化地边讲边给学生示范模板，为后面学生自己写作奠定良好的基础。接下来便是学生自由写作、展示、分享学习，让课堂在收获中结束。值得一提的是，唐老师从"书写""主题""单词拼写""时态运用""结构"等五个方面制作了一个公正合理的评价表来鼓励引导学生把作文写好。

　　无论是教学设计还是教学过程，唐老师都充分考虑了学生的主体地位，并做了细致精到的指导，使得这节课别样精彩。这也给了我们一个很大的启示，一节好课，一定要围绕学生来做文章，要始终看得见学生，不忘记学生的中心主体地位。

　　学生在课堂上自始至终都表现得落落大方、兴趣浓厚，犹如一条条快乐的小鱼跟着老师的步伐在知识的海洋中吸取养分，展示个性特长。

What an excellent class !

给家长的一封信
——关于解答拼音和英语同时学习孩子易混淆的问题

尊敬的家长：

您好！

最近听到一些家长反映孩子对同时学习拼音和英语容易混淆的困惑！

非常理解这种心情！

It doesn't matter!

给孩子时间，给孩子适应的时间。

我们有理由相信孩子可以学会的：

1. 英语现在学的是字母的发音与拼读，绝大部分与拼音有相通之处，辅音字母基本全通，如b，p，m等，当然在发音上有些微的差别。元音字母有好几种发音，其中包括拼音的发音，如字母a，但现在从最常用的apple一词的发音学起。

2. 老师上课时会不断提醒"英语课，我们读成——"，然后练习、强化，最终学会；家长引导完成家庭作业的时候也可以提醒"拼音，我们读成——"或者"英语，我们读成——"，对了就肯定，错了就要求再次模仿读对。

3. 小孩在最初学说话的时候，有些家庭既说普通话，也说家乡话，小孩最初有点混淆，可后来大人用什么话问，小孩就能用什么话答，是不是？

4. 时间的宝贵性。能不能学完拼音再来学英语呢？英语是一门语言，语言学习要遵循语言能力发展的规律，才可以事半功倍。实践也表明，3~7岁是孩子学习语言的关键期，我们的孩子来到小学已经6岁了，他们处在语言学习关键期的尾巴上，如果等拼音学完了，两个月之后再来学习英语发音，将会有很大的损失。这种情况家里如果有小弟弟和小妹妹的会更有感触，同样的内容，小的跟着学，效果更好。

5. 小孩有小孩的思维和能力，有些本领是大人无法拥有的，如模仿能力和感悟能力等。小孩子每一天都会有每一天的变化，第一天来到小学，很多孩子都还不能稳稳地坐在椅子上，有时候还会跑错教室。两个星期过后，仅仅两个星期，他们便表现出了惊人的适应能力。各位家长应该感受到了。

大人的优势在于拥有强一点的自控能力和多见识了点世面，懂得了更多的道理。瞧，伟大的教育家陶行知先生写的这首《小孩不小歌》说的就是这个理：

> 人人都说小孩小，
>
> 谁知人小心不小。
>
> 你若小看小孩子，
>
> 便比小孩还要小。

我们能做的就是发挥好各自的优势！用我们大人强一点的自控能力帮助孩子，用我们已知的知识熏陶孩子，用我们明白的道理引导孩子。

孩子的成长过程是缓慢的、优雅的，他们需要更多的爱心与耐心，他们害怕指责、抱怨或撒手不管。

愿我们的孩子都尽快找到自己的成长轨迹！

好学的精神

　　北京师范大学的王蔷教授来龙华了，难得有近距离接触大师的机会，果然名不虚传，自己收获满满。送走大师后，我和Rose Wei在酒店大厅就这次活动的收获交流了近半小时。在回家的车上也没有说完，只好我先送她回家；之后觉得还没有聊清楚，她又送我回家，以"送"的名义争取时间再多交流一会儿。我总结了如下四点收获：

一、绘本课与阅读课的差异

　　绘本课重在让学生理解绘本、享受绘本，无痕习得语言能力、文化品格、学习能力、思维品质。在这个过程中，习得文化品格和思维品质的比重更多一点。阅读教学让学生运用知识、理解文本，也要习得上面四种能力，更重要的在于语言能力与学习能力的提高。

二、获得鼓励、提升信心

　　学校的办学方向与大师的理念一个高度，英语教学的理念与大师的观点一致。之前一直被学生成绩还不够好困扰，甚至有点动摇，典范英语教学要不要削减时间？现在我们更有信心了，成绩保持在第一梯队就好了。目前的考试形式对于典范英语学得好的学生是测不出来的。我思考了一下，班上英语好的学生，一年比一年增加；初中反馈回来的消息说学过典范英语的学生语音漂亮、保持着对英语的热情和自信心，接触新的阅读文本之后，能很快接受，成绩也越来越好，这就更应该坚定我们的信心。

三、目前学校英语教学的不足与努力方向

典范英语的加入提高了学生的学习兴趣，开阔了学生的视野，也使学生习得了不同的文化素养。但是上到二年级时就开始两极分化，越往高年级走，这种分化就越严重。那我们要调整的不是让典范英语退出舞台或者搬到偏台，而是注意调整中下层学生的学习内容和要求，教师要非常清楚班上有哪些同学跟不上，给他们安排额外的内容，跟踪要更紧密。相信会取得意想不到的结果。

教学的内容大体上可以这样调整：

① 一、二年级，学习《拼读王》和《典范英语》，注重听和说。

② 二年级开始写单词、字母。

③ 三、四、五年级学习典范英语和政府教材，听、说、读、写都要关注到。

④ 六年级学习政府教材和新概念英语，配合应试的需要，可以多一点读和写。

四、说话的艺术

年过六旬的王教授学识丰富，眼界高远，与人交流和蔼可亲。

她的学生张文华博士也饶有兴趣地说起老师的故事，说她在评课的时候会直言不讳地指出老师的问题，但是会用一种不让人难堪的方式。在说完一个问题后，她会说："我不知道我说明白了没有。"而不是指着人家鼻子："你懂我的意思吗？"教研员张丽红老师也很注重说话艺术，王教授提到"无痕教学"，上示范课的老师林莺感到很困难，张老师说："教授提的是一个方向，不是叫你明天就把课全部改了，你已经上得这么完美了，如果朝着这个方向走，有一天你一定会用上的。"一方面肯定了教授，另一方面鼓励了老师，而且也不带伤害地指出了目前这个课还存在的一些问题。这一切都是因为张丽红老师心中装着尊重、谦卑。

记一（4）班一年的《典范英语》学习

一年的《典范英语》学习，孩子们收获颇丰，保持着对英语的浓厚兴趣，还学会了自然拼读法，具备了一般的绘本故事阅读能力。在学完《典范英语》和《拼读王》之后，最后我们用一个月的时间学习上海版教材，我发现学生接受得特别快。班里的家长已经迫不及待地买好了下学期要用的《典范英语2》课本，说在暑假要提前看，很多孩子拿到新书后兴奋不已，摊开摆放在自己的床上，亲吻着书本，连说："书本好香啊！"

家长们也一致反映孩子的英语学习进步了，以下是来自一些家长对于典范英语学习的情况反映：

我也慢慢地感受到了小夏的进步，孩子虽然谈不上学习自觉，但是绝不抗拒，特别是英语，早晚都听，晚上一直听到睡着。我对他的要求是绝不能掉队。我很喜欢《典范英语》的教学方式，是润物细无声、厚积薄发型。

昨晚把《拼读王》4B翻开给他拼了下，前10页非常熟练，包括儿歌，从第10页开始感觉他是凭着他具有的拼读能力拼读全新的单词，隐隐感觉到他具有很强的单词拼读能力，虽然不熟，为才一年级的孩子具有这样的能力感到诧异和高兴！上次去梅州的大巴上，小夏背的"典范"，非常棒，读的节奏跟录音差不多！

——来自一（4）班夏孜淳家长的留言节选

　　左老师，我是欣然妈妈，我英语不太好，口语测试时可以帮忙做些杂事，比如领队之类的。一学期快结束了，首先感谢老师们这段时间的辛苦付出。我很欣慰欣然能够进入行知接触到《典范英语》，我和孩子爸英语都不是很好，开学前很担心不能给孩子正确的辅导，怕孩子抵触厌恶英语，因为小时候给她报过一个英语培训班，她不是很感兴趣。开始学习《典范英语》时，我也怀疑过：孩子学这个行吗？事实证明，那是相当行，哈哈！孩子现在对英语很感兴趣，每天晚上睡觉前都要听几个故事才睡，似乎已形成了习惯，寓教于乐，孩子在不知不觉中学会了很多单词和句子，比死记硬背掌握得更快。还有这次的英语考试，新颖又特别，比传统考试更锻炼孩子，其他学校的家长朋友都很羡慕我们，嘿嘿。

　　我觉得兴趣的培养的确很重要，虽然以后为了考试，可能还会用更多的时间回归传统教材，但是有了《典范英语》的基础，相信孩子的英语一定会更好。

——来自一（4）班周欣然家长的留言

提高小学生英语口语能力的八大策略

我国传统英语教学法一直偏重知识性灌输，注重语法教学，过分强调书面表达训练，而忽略了学生口头交际能力的培养。很多学生学了多年的英语之后，却很难用英语进行日常交流，英语口语能力很低，号称"哑巴英语"。口语交际是人类言语交际中最根本、最普遍、最重要的方式，生活在信息高度发达、交流日益频繁的现代社会，口语表达能力作为个人综合素养的重要标识已是不争之事实。

一、提高小学生英语口语能力的重要性

新《英语课程标准》中明确规定："基础教育阶段英语课程的总体教学目标是培养学生的综合语言运用能力。"英语是世界上最为广泛使用的语言之一，作为一种最常用的交际工具，它的功能在于进行社会交际，英语教学的最终目标是培养学生运用英语进行交际的能力。因此，培养学生的口语能力，研究相关的活动课程，具有十分重要的意义。

二、影响小学生英语口语能力提高的因素

小学生英语口语水平的提高，受到不同因素的影响，为了设计出行之有效的口语活动课程，行知小学对这些影响因素进行调查分

析，总结归纳出以下影响因素：单一的笔试测试评价方式、语言环境缺乏、教材单调枯燥、学生心理因素、班级人数过多、老师本身口语水平有限等。

三、提高小学生英语口语能力的八大策略

根据小学生喜欢在活动中体验学习这一身心发育特点，行知小学针对影响小学生口语提高的因素，经过近八年的研究探索，通过一系列英语口语活动的实验和实施，不断尝试、修改、实践，归纳总结出一套在大班教学条件下具有可操作性的口语活动课程体系：扎扎实实的课前3分钟演讲、精心准备的英语剧场、家长参与评分的英语口语考试、受学生欢迎的英语节游园通关活动等。以下为活动课程中的具体八大策略：

1. 课前3分钟演讲

老师在每堂英语课上拿出前3分钟时间，供学生进行演说练习。每堂课安排一名学生，学生按学号轮流讲，人人都有机会。学生将日常的背诵积累、生活体验等与演说相结合，主题不限，如儿歌分享、好书推荐、电影推荐、美文赏析、与"英语节"活动相结合等。课前3分钟全部归还学生，由学生讲、由学生评，老师课前将标准告知全体学生并进行培训，不同年段有不同的评价标准。这个活动帮助学生的口语水平从内容到思想、从胆量到技巧，由量的积累出发，向质的飞跃迈进。

2. 引进英国的本土教材牛津阅读树系列（又名《典范英语》）

热爱故事是儿童的天性，模仿是学习语言的有效方法之一。我们抓住这两大特点，引进英国的本土教材牛津阅读树系列。它是牛津大学出版社的英语母语学习教材，共十级。其中，1～6级针对少儿，由309个故事组成。这套绘本阅读教材内容原汁原味，书中插图细节丰富、信息量大，不仅能够超越文字情节拓展儿童的想象空间，也烘托出英国社会的民俗风情和人文风貌，对相对来说知识点集中却缺乏生活化和趣味性的本土教材是一个良好的补充。教材由英国牛津一流专业人员录音，语音、语调清晰标准，声情并茂，为学生模仿地道的英语提供了最佳录音材料，学生在模仿的过程中练嘴巴、练发音、练语调、练耳朵、练语感、练思维。由于教材内容生动有趣，接近儿童生活，学生的学习由被动变为主动。

3. 英语录音作业

每位英语老师在网站为所教的每个班级申请一个固定的邮箱，老师每周布置一次英语录音作业。作业的内容进行分层要求：对于英语水平较低的学生，朗读并录音课内学习的材料；对于英语水平高且能力强的学生，可选择课外英文绘本等进行朗读并录音。

为了方便老师检查，老师要求学生和家长发录音作业的时候要注意邮件主题的命名和录音文件的命名。严格按照：学号+姓名+录音内容（如15张三《典范英语2》第三课）的格式。对于优秀的作业，定期在班级分享收听。这一活动作业真正调动了学生打开嘴巴练习的积极性，也解决了老师"只布置不检查"听读作业的问题。

4. 英语剧场

英语剧场是以班级为单位开展的英语节目展示活动，节目内容与形式不定，可以是唱歌、朗读、演讲、微型剧等。活动的频率每学期两次，每次20名学生参加，这也是一个面向全体学生的活动。剧场活动前，学生至少提前三周进行节目内容准备，包括内容选定、上报、音乐道具准备、排练等。

活动前准备工作：

（1）教师审查学生节目题目内容，给予指导、修订，审核通过的稿件，学生方能进行练习。

（2）教师给予学生一对一的指导与评价，并与家长取得联系，确保学生自主练习的方向性和有效性。

（3）登记节目内容，制作并张贴节目海报在教室门上。（由学生完成）

活动中基本步骤：

第一环节：教师就表演技巧指导或优质视频观摩学习。（为了不影响观赏的连续性，技巧指导和点评一般放在活动进行一半后或活动结束后进行）

第二环节：活动策划者（或学生，或家长，或老师）介绍活动程序、家长评委、主持人、奖项设置等。

第三环节：活动流程：节目展示（5分钟以内）——观众提问，选手现场回答（中高年级）；选手提问，观众现场回答（低年级）—评委亮分。

第四环节：剧场结束后，评委（家长、学生、老师）点评。

5. 英语口语考试

每学期期末，老师以班级为单位对每名同学进行英语口语考试。考试的地点设在学校宽敞的、有舞台感的电教室。每名学生家长将受邀来到考试现场观看。考试的评委由随机选中的10位家长担任或者由高年级英语能力强的学生担任。考试内容的范围由老师提前指定，让学生准备。考试的形式可以是演讲，也可以是双人甚至多人合作表演故事，高年级还有现场口语交流。

活动前准备工作：

（1）老师或学生登记审查学生所选篇目，并给予指导意见。

（2）老师与家长取得联系，确保学生复习准备的方向性和有效性。

（3）学生或家长义工收集考试篇章内容PPT并拷贝到考场电脑里，以备观众和评委能看到。

（4）培训家长义工做好考试各个环节的联络配合工作。

活动中基本步骤：

第一环节：教师就上台技巧和要求做指导培训。

第二环节：学生主持人介绍考试程序、纪律与宗旨等。

第三环节：考试进行，按考前设定的顺序自主上台，由一到两位家长义工进行提醒。10位评委打分，记分员家长记录10位评委分数的平均分。

第四环节：活动结束后，老师总结及发送感谢信。

6. 英语节游园通关活动

每学年举办一次全校性的英语节游园通关活动。活动主题结合东西方文化设计，每学年选择一个不同的西方节日作为切入点，如复活节、感恩节、万圣节、圣诞节等。学生在活动的过程中体验东西方文化的差异，并实际运用于平时课堂所学。活动的主要流程包括：制作各游戏点海报、制作各年级游戏卡、培训活动当日家长义工工作内容、设计各年级英语通关游戏活动、购买奖品、布展学校大堂的宣传等以烘托节日氛围。所有的游戏内容都来自平时的课堂，以有趣的活动形式呈现出来。典型的游戏通关活动有低年级的"我会拼"英语phonics拼读游戏（P–O–P–POP），中年级的"我会连"从单词到句子的组合后朗读游戏，高年级的"我会演"抽签选到一个片段然后邀三五个好友表演出来。每通关一个游戏便可得到不同数量的印章（数目由游戏难易程度决定），最后统计印章总额兑换相应的奖品。

7. 英语口语大赛

比赛是刺激学生提高学习积极性的良好手段。学校每学年组织学生参加一次大型的口语比赛，如CCTV"希望之星"英语口语大赛、全国青少年ABC口语大赛。比赛采取鼓励报名、自愿报名的方式，内容由任课老师指导，比赛陪同及相关费用由家长承担。学生在准备比赛的过程中能力得到提高，在比赛中得到了历练，并获得英语学习的成就感。

8. 外教入课堂

（1）购买外教服务。在政府的政策支持下，学校每学年以签订合同的方式购买外教服务。根据学校的实际教学情况，外教发挥其纯正的口语优势，每周一节外教课给学生进行口语提升和拓展练习。

（2）不定期邀请外教入课堂。由于政府补贴经费有限，学校班额多，外教只能轮流给各个班级上课。为了给学生更多的时间和机会创造最真实的口语交际情境，老师们尽量挖掘自己的资源带到教室来，他们都是英语非常纯正的外籍人士，如有学校邀请外籍专家、老师或家长的朋友、英语培训机构的老师等。这些"师资"丰富多彩，给学生带来更加多元、有趣的课堂。先后到过学校的有美国纽约大学的心理学教授Mary Boncher博士，她给学生朗诵了自己写的诗歌；还有澳大利亚悉尼歌剧院歌唱家Nicky Crayson女士，她给学生演唱了英文歌曲等。

结语

这八大策略的实施，激发了全校学生学习英语的兴趣，提高了学生的英语口语水平。在实验进行到第六年的时候，组织学生参加的全国青少年ABC口语大赛和CCTV"希望之星"英语口语大赛，都取得了丰硕的成果。与此同时，学生的综合语言应用能力和英语综合素质均得到提高，具体表现在全校学生的英语成绩有了明显的提高。

（左灿、陈亮君）

英语教师座右铭

在大学同学Alice的空间看到一篇很好的文章，从她所记录的东西来看，知道她还是那么好学、上进，空间里面没有任何一篇八卦的东西。她之前是我的榜样，现在还是我的榜样，转载过来，用来鞭策自己。

一、爱岗敬业

1. 胸怀大境界，立足小课堂。

2. 课比天大。

3. 知之者不如好之者，好之者不如乐之者。

4. 心有多热，事业有多火。

5. 好的教师都是狂热般地痴迷于教学。

6. 心似白云常自在，意如流水任东西。

7. 英语教师的四热爱：英语、教学、学生、说话。

8. 我们的任务不仅仅是教英语，主要是通过教英语来教学生如何做人。

二、课堂教学

1. 现代教育理念与四中优良传统相结合。

2. 上好每一节课，教会每一名学生。

3. 为用而学，在用中学。

4. 英语课应该采用体育课的模式。

5. 英语课上应做到三个为主，即英语为主、学生为主、活动为主。

6. 教学有法，教无定法，教学是最富有创造性的工作。

7. 评价方式导致教学方式。

8. 多半少半，一半一半，少半多半。

9. 任务型教学方式就是：用英语做事，在做事中学习英语。

10. 教学难度不等于教学效果。

11. 强调三基：基本知识、基本技能、基本方法。

12. 坚持四认真：认真备课、认真讲课、认真辅导、认真批改作业。

13. 在课堂上你要是为难学生，学生就会为难你。

14. 编教材的人是创造者，使用教材的人也是创造者。

15. 把生课备成熟课，把熟课当成生课来对待。

16. 背诵量与英语水平的高低成正比。

17. 一张嘴，一支粉笔，一本书。

18. 条条大路通罗马，哪本教材都顶用。

19. 使不爱思考的人爱思考，使爱思考的人更深入地思考。

三、学法指导

1. English is best learnt when used in meaningful communication.

2. We are learning English，we are not learning about English.

3. 语言学是模糊学，模仿为主，理解为辅。

4. 包办代替是能力发展的绊脚石，是好心办坏事，勤快妈懒孩子。

5. 英语是练会的，不是老师给讲会的。

6. 教他三年，管用三十年。

7. 关于方法的知识是最重要的知识。

8. 让学生爱学、会学是我们的主要任务。

9. 自主学习是学习的最高境界。

10. 自主学习的六要素：自己有愿望、设定目标、安排活动、解决问题、控制自己、向别人学习。

11. 亲其师，信其道。

12. 好动是孩子的天性，游戏是孩子的生命。

13. 如果一个人的劳动成果得到了别人的承认，他的积极性就会更加高涨。

14. 没有表扬，就没有英语课。

15. 一句话暖人心。

16. 教学中最可怕、最凶恶的敌人莫过于学生对你的课不感兴趣了。

17. 良好的师生关系蕴藏着巨大的教育潜力。

18. 教师是鲜活的教科书。

19. 差生补课要做到三补：补干劲、补方法、补知识。

20. 尖子生要给政策，让能飞的学生飞起来。

21. 高考成功的关键是提高中低档题的成功率。

22. 学生学习的五个环节：预习、上课、复习、作业、自我补充。

四、教师的发展

1. 不唯书，不唯上，只唯实。

2. 做学习型、发展型的教师。

3. 把每一件简单的事办好，就是不简单。

4. 把简单的招式练到极致，就是绝招。

5. 人怕活，活怕干。

6. 板凳一坐十年冷，文章未有一句空。

7. 每日读书至少十五分钟。

8. 中学教科研主要是行动研究。研究成果的标准：好懂、好用、有新意。

9. 一个人展示的机会越多，他的能力提高就越快。

10. 幸福的英语教师：衣食无忧、享受工作、有张有弛、思想解放。

11. 世界上最广阔的是海洋，比海洋更广阔的是天空，比天空更广阔的是四中教师的胸怀。

第三篇

03

正面教养

Positive Methods

In Education

SITIVE METHODS

IN EDUCATION

孩子想要的礼物

"人人都说小孩小，谁知人小心不小。你若小看小孩子，便比小孩还要小。"伟大教育家陶行知先生一直认为，小孩子有不可思议的力量。是的，孩子虽小，但他们的思想与智慧中潜藏着无限可能，拥有无限价值。

有一天下课，我刚准备离开三（1）班教室，被一个很急的声音叫住了，"老师！"紧接着，只见天真可爱的木全拿起他的英语课本快步朝我走来，"我要兑换"。

为了提高孩子们的学习积极性，开学初我就向他们宣布了我的学科"星级"激励措施，如上课认真，积极参与课堂活动，可获一颗星；作业整洁、正确或者有创造力可获一颗星；课前"3分钟演讲"特别精彩的可获一颗星等，累积到五颗星时，可兑换一个诸如小文具或小糖果之类的小礼物。

"有五颗星了啊？祝贺你啊，咱去办公室吧。"

到了办公室，我取出礼品盒，放在木全跟前，他犹豫了好一会儿，刚要伸手，又放弃了，抬眼看着我。我用鼓励的眼神示意他可以选一个自己最喜欢的。他瞥了一眼礼品盒，对我轻轻摇了摇头。我很疑惑，莫非这里面没有他喜欢的，或者他想要两个？我再次鼓励并等待他的回答。

"老师，我可以兑换其他的吗？"木全那清澈的大眼睛一眨不眨地看着我，眼神里充满了期待。

"木全，那你能说说，你想要兑换什么吗？"我在想，万一他想要兑换的东西太离谱，我该怎么做，才能在不伤孩子自尊的前提下维护我的威信？

"我可不可以兑换当一次英语课前领读？"

我心头霎时一亮，原来这才是他期待的礼物啊。我崇尚陶行知的教育理念，深知"要做先生，先做学生"的道理，我一直想方设法地加入小孩的队伍，和他们一起玩、一起学，也以为自己很懂孩子了，而这件事让我突然有了新的认识——我低估了孩子。我把孩子想要的礼物仅仅定位在物质层面上。总以为，对于这么小的孩子，糖果之类的物质奖励是最有效果的。然而，他们更想要的已经是精神层面上的，他们更需要的是一个实现自我价值、展现自我魅力的平台。

我欣喜地答应了木全的兑换要求，他兴奋地飞出了办公室，而我则思考这个兑换制度应该马上改进。第二天课上，我跟孩子们讲了这件事，告诉他们可以提出像木全那样想要兑换的礼物。他们一阵欢呼。在后来的日子里，兑换礼品中除了当一次课前领读班长外，陆续增添了当一次布置作业的班长、当一次课前演讲的志愿者、做一次演讲评分登记员、给同学起一个英文名等项目。每一次看到孩子通过自己的努力，兑换到自己想要的礼物后满足而骄傲的神情，我倍感欣慰，也为孩子们的成长而骄傲。

实际上，这样的兑换，既满足了孩子渴望成长的心灵需求，给了孩子争取锻炼自己、服务大家的机会，也实实在在地帮我更轻松有效地实现了教学目标。孩子们对班级的自我管理能力无形中得到了提高，班级更加团结和充满活力，大家在积极努力、自信的氛围中学习，成绩也明显提高了。

让真善美爱永远相伴
——致行知小学2009届毕业生的祝福

同学们：

　　今天，你们就要走了。就像雏鹰，他日必将展翅飞翔，临别祝福，语重心长。

一、毕业是成长的继续

　　小学六年，你们从一个个稚嫩的娃娃长成了今天风华正茂的少年。六年里，每一次结束和失误，都是你们重新站立和前进的开始；每一次鼓励和赞美，都使你们充满期待。童年像一个漫长而美好的童话，有父母的照顾和宠爱，有老师的指导和关怀，但现在到了告别的时候了，你们必须告别童年，去渴求大千之学、去追寻天人之道、去完善你们的知识结构，成就你们未来的人生价值。

　　祝福你们继续成长，成长是一种自我超越，成长是去更广阔的天空翱翔，成长是永不言败的精神和坚强不屈的意志，成长让你们更加无比的可爱……

二、毕业是成熟的开始

　　在行知，你们度过了最纯真的四年，虽然光阴一去不复返，但你们收获了知识，在校园里留下了无数的歌声与微笑，并在老师和同学们心中留下了许多童年的故事；在行知，你们的思想慢慢深刻，你们学会了勤奋、学会了坚强、学会了宽容、学会了与人相处……虽然毕业了，但这一切仅仅是成熟的开始，今后的路很宽、很漫长，你们一定要脚踏实地地走好每一步。

祝福你们开始成熟。成熟使你们懂得尊重，并被人尊重。成熟是一座理性大厦的落成，愿你们立足现实、志存高远。成熟是一种责任，愿你们注重实力、注重责任感。不管今后生活、学习在何方，你要对自己负责、对社会负责。

三、毕业是美好的画卷

你们是行知的孩子，这几年，你们所有的努力，都是行知美好的记忆；你们创造的精彩，都是行知的骄傲。校园舞，有你们踏着节奏跳出的优美；毽球节，有你们与毽球一同洒下的汗水；艺术节，有你们舞动的身影；画室里，有你们画下的梦想；课堂上，更有你们琅琅的书声和渴望知识的眼睛……这一切，就像一幅幅色彩斑斓的画卷，永远留存于老师们的心中。

今天，你们就要走了。请带上行知的欢乐，让健康平安永远伴随；请带上行知的智慧，让真善美爱永远伴随；请带上行知的祝福，让一切好运永远相伴。

祝福你们！有空常回来看看。

捐出一元钱　献出一份爱

　　2009年10月19日，民治二小开展了由孩子们自发倡议的以"捐出一元钱，献出一份爱"为主题的队会活动。

　　民治二小一（1）班小同学霖霖在10月16日与爸爸阅读《深圳晚报》的时候，得知深圳两岁的弃婴"小静静"不幸跌入开水桶，浑身被烫伤，正在医院救治。"小静静"的养父母是一对贫困的打工夫妻，他们对养女不离不弃的爱和救治，让霖霖十分感动。但为了保住"小静静"，一家人急需救治资金。于是，霖霖向全校同学提出捐助的倡议，同学们积极响应，纷纷捐出自己的一点零花钱，一起帮助"小静静"渡过生命的难关。仅仅3天时间，民治二小人数总额不足1000的同学们为"小静静"捐款4000多元。本次由学生主动开展的捐款活动，是民治二小同学"真善美爱"人生观、价值观的体现。

了解学习风格类型　破解学习天赋密码

　　我们提倡教育要讲究"因材施教"，这就要求教育者，包括老师和家长，首先要了解孩子是什么"材"，然后才能根据"材质"有的放矢，有效沟通，事半功倍地培养身心健康的孩子。

一、孩子的先天特质决定孩子的学习风格

　　学习风格分为四类：认知型、模仿型、逆思型、开放型。

　　（1）认知型的孩子自尊心强，有自己的主见，不喜欢被指挥、被命令去完成任务。他们需要被尊重、被理解，希望被看到努力付出的过程，需要被认可。这类孩子的优秀是鼓励和竞争出来的。家长要发自内心地欣赏孩子的点滴进步与闪光点。若是把"认知型"的孩子放到优秀的群体中，由于自尊心强，他们会很努力，再通过欣赏与鼓励，他们会取得非常卓越的成果。

　　（2）模仿型的孩子不会对教育他的人提出很多反对意见，而是喜欢模仿别人，你怎么做，他就怎么做，而且这类孩子特别喜欢模仿自己喜欢的人。所以在他们的教育过程中，要树立正面、优秀的榜样，要给他寻找好的伙伴朋友，并且做好过程的监督引导工作，他们的优秀是被"盯"出来的。

　　（3）逆思型的孩子习惯反向思维，你还没有说开头，他已经猜到了结尾，常常与你不在同一个频道，对老师、父母有极大挑战。

这类孩子的优秀是抓住其好奇和喜欢挑战的特点引导出来的，合适的教育方式是与他核对双方的观点。

（4）开放型的孩子像一块海绵，不受先天条件的限制，给他什么他就学习什么，对新鲜事物充满兴趣。但是因为一直好奇新事物，容易对"老事物"半途而废，所以这类孩子的教育要注意培养其耐心与毅力，他们的优秀是鼓励出来的。

二、孩子的先天特质决定孩子的学习类型

学习类型分为三类：体觉型、视觉型、听觉型。

（1）体觉型的孩子好动，喜欢体验，享受"慢动作"的过程，容易给人造成"磨蹭"的印象。这类孩子的学习应该多给他机会去体验、去动手、去触摸，在动中学，甚至可以允许他手里捏个东西来学。

（2）视觉型的孩子是用眼睛来学习的，喜欢看书，喜欢画重点，很细心，对自己感兴趣的事情很专注。弱点是看书时容易跳行，在学习过程中可以拿把尺子量着来克服这一困难，还可以多利用影像、图片、颜色、地图等工具辅助学习。

（3）听觉型的孩子是用耳朵来学习的，常常侧着身子学——"侧耳倾听"，眼睛并没有看，但是因为一听就懂，看起来没学，问起来都知道。他们讨厌啰唆，教育者要注意的是，在教育过程中要简明扼要地说清楚是什么，切忌啰啰唆唆，因为听觉型的孩子不喜欢听啰唆话。这类孩子喜欢听故事学习，喜欢在讨论、辩论的方式中学习，比起看书，听书更有效。若要确认他们听懂了没有，可

以采用让他们复述的方式。

以上的学习风格与类型没有好坏优劣之分，在孩子的成长过程中，通常以某种学习风格与类型为主，其他并存。有时候，随着年龄的增长，类型与风格也会发生转变。教育者要做的是：尊重孩子的先天特质，尊重这个"材"，予以接纳，然后加以引导，顺势而为，则事半功倍。

同住地球村　我们是朋友
——辅导员讲话

《我和你》音乐引入。"我和你，心连心，同住地球村"，到这一句调低音量。

尊敬的各位领导、老师，亲爱的同学们：

早上好！

这首舒缓而优美的歌曲《我和你》，向我们传递了一个和谐世界的人本理念：同住地球村，我们是朋友。

在我们学校，有来自俄罗斯、韩国等国家和我国香港、台湾地区的同学，我们一起在行知学习，结成友谊，愉快生活，共同成长。

我们学校的交流也越来越开放，早在两年前，我们学校就与香港汉华中学结成姊妹学校，先后有两批老师去汉华参观学习。2008年11月，满校长赴马来西亚沙巴州给全体华文学校校长培训，搭建了一座友谊的桥梁。12月，马来西亚著名的曾桂安校长来我校交流并做了精彩的演讲，他教导同学们要勇敢地面对困难和挫折。之后，我们全校师生又以"以书会友"的方式给马来西亚的华文学校捎去了我们的书本。此外，就在最近几个月，先后有来自西班牙、英国、美国的著名艺术家前来我校参观，我校雷西等4名同学的版画作品正在西班牙首都展出，并被马德里艺术学院儿童版画研究机构收藏。

中国经济实力日渐强大，与国外的交流也在增多，面对目前的国际形势，很多国家都希望与我国加强合作，共对金融危机。

同学们，无论你们愿意还是不愿意，你们都需要拥有能够在国际化的文化环境中生存发展的能力。因为在将来的世界，谁的经济实力强、文化深、知识多，谁就在这个"地球村"受尊重。你们需要学习知识，才能认识你所生存的这个世界；你们必须学好祖国文化，才能继承和发扬中华民族优秀传统文化；你们要学好外语，才能懂得全世界并同他们进行最起码的交流，把我们的文化介绍给整个"地球村"的朋友。海纳百川，有容乃大，你们还应该拥有博大的胸襟，学会宽容、学会理解、学会尊重。

"少年智则国智，少年强则国强"，一个有自尊、有骨气的中国人当然希望祖国的富强，因此，你们需要努力，你们有责任使祖国变得更加富强。

周恩来在他还是学生的时候说过一句话："为中华之崛起而读书。"我们也应该立足现实，志存高远，现在在行知学知识、学文化，将来必定走向世界。为中华民族的伟大复兴而读书！为世界的和平发展繁荣而读书！

我不是"高傲的公主"

　　教育是什么？教育是引导和帮助孩子不断朝更好的方向发展。教师平时对孩子的表现每一处细心的观察，抓住时机投递给孩子的每一个眼神，传达给孩子的每一句话，都可能为孩子的进步创造机会。

　　在我们清新美丽的校园里，有这样一群孩子，她们家境优越、美丽大方、学习优秀、多才多艺，经常去全国各地参加各种比赛与演出，获得过很多荣誉，俨然是众人心目中的"校园明星"。然而，她们由于不懂得与人分享，不善于主动与人交流而被同学认为是"高傲的公主"，没有朋友，倍感孤独。

　　门门就是这样的一位"高傲的小公主"。我总想着，这么优秀的孩子，如果能少一点高傲、多一点亲和力，这不仅有利于对她本人的健康成长，同时也能够让其更好地成为其他孩子学习的榜样。但是我心里明白，由于她头上有太多的光环，加上她高傲的性格，班里的同学都不太敢跟她交流。

　　一堂课上，同学们在写一项作业"我心中的学校"，内容新颖、版面美观的可被选贴在学校宣传栏里。这时候，一道亮光吸引了我。只见门门不慌不忙地从一叠漂亮信纸中撕下一张纸来，那纸真的是很美丽，粉红色，上面有前卫的卡通人物，中央有时隐时现的横格子。她的同桌用羡慕的眼神看了看纸，又看了看我。我想，门门各方面都很优秀了，她现在最需要的就是亲和力，那眼下不正是一个增加亲和力的机会？于是我用鼓励的眼神回复了看向我的那名同学，意思是你可以向她借。起先，这个同学还是没有足够的勇气开口，我再次送去鼓励的眼神。她终于鼓起勇气说："仃仃，你的纸很漂亮，可以借一张给我吗？"我正担心仃仃如果拒绝怎么办，我是劝她借还是安慰她的同桌呢？没想到仃仃二话没说，就在那叠漂亮的信纸上撕下一张，递给她的同桌。啊！太好了！我真为她感到高兴，情不自禁地送给她一个大拇指。我断定她的内心一定是很热情的，她并不是同学们想的那种高傲小气的小公主。她只是没找到机会或者不好意思主动。

　　下课了，很多同学的作品都已经完成了。这时候，班长向我提出一个请求："老师，我可以下午交吗？因为我想中午回家用好看一点的纸重新抄一遍。"这位班长做事总是这么认真负责，我迫切地希望我能帮助她。可是这份作业今天中午放学之前已是最后期限了，下午就要刊登出来了。我知道她的作品内容一定是很优秀的，只是，一张普通的作业本纸会在很大程度上遮掩它的风采。怎么办呢？我灵机一动，说："各位同学，我刚刚在教室巡查的时候，看了你们的作品，很多同学都做得特别好，遗憾的是，他们没有美丽可爱的纸张来承载他们的作品，不然的话，我们班一定可以有更多的作品可以被选登出来。"说完，我看了看仃仃。她举起了手。

　　"仃仃，请讲。"

　　"老师，我有这种信纸。我愿意……"

　　教室里响起一片掌声。

　　那一次，班级获奖作品数位居全校之首。孩子们看着自己的作品被张贴出来，供大家分享，心里甜蜜蜜的。之后，我跟孩子们说，这次我们班这么多同学获奖，是大家辛勤付出的结果。这个结果也为班级增添了荣誉，在荣誉的背后，我们要感谢一名同学，那就是仃仃，是她在关键时刻献出了自己最心爱的信纸。她的乐于助人、大公无私，是值得我们赞赏、学习的。教室里又一次响起了热烈的掌声。

此后，仃仃的朋友渐渐多了。我时常会看到这样的场景：她送生病的同学去看校医、帮舞蹈队个子小的队员提书包、雨天与同学共伞上学等。她的亲和力越来越强，在班上的支持率也越来越高，一次校园之星——友爱之星的颁奖典礼上，她自豪而满足地站在那里，笑容最甜。我心里也很甜，小小的一次"借纸事件"，不仅让班级的很多同学获奖，还让"高傲的公主"成功地蜕变为友爱之星。

不是每个孩子都生来就懂得如何与人沟通的，尤其是这些"校园明星"，或许她们认为别人应该主动来交流，或许她们的光环阻挡了别人的勇气。让孩子学会主动与人沟通、与人分享，让孩子更健康地成长！

信任是一种健康的冒险

走对小先生两岁八个月了，为了保证他的营养，我每天会给他吃几颗新西兰牛初乳片，最初是采用"发放"的形式，一开始他会很高兴地接走；后来每当我拿出罐子准备"发放"的时候，他就会边数手指头边提出要求，"我要两个、三个"，有时候给了两颗了，他还会再次提出要求"我还要两个"。满足这个要求之后，他会第三次提出"我还要两个"的要求。由于说明上写着儿童最多不要超过五颗，我会蹲下来费一番口舌与他交流，让他知道今天只能吃这么多了。我经常用以下几种方式跟他沟通：

方式一：讲故事

圣诞老人喜欢给小朋友送礼物，特别喜欢给表现好的小朋友送礼物。圣诞老人今天送来的礼物是牛初乳片，不过他走的时候，又跟妈妈说悄悄话，他说："小朋友一天最多吃四颗，剩下的保存。而且如果小朋友吃得高兴，吃了之后就能去蹦蹦跳跳地玩耍，过几天就能得到新的礼物。"走对小先生现在吃完四颗了，看一下是不是变得很有力气了，来跳一跳试试看？

——好一番啰唆，我都要佩服自己的耐心。走对感觉无望，也就答应了。

方式二：有限选择

"走对是想今天再吃两颗明天就不吃了，还是今天吃这四颗明天还有得吃呢？"

——走对一开始会说"不要""我没听懂"之类拒绝的话，在我的屡次坚持下，他也被迫接受选择"今天只吃四颗"。

方式三：转换技巧

"妈妈知道走对很想吃，妈妈也很想给走对吃，不过这里写着小朋友一天只能吃四颗，如果吃多了，有可能就会肚子痛，妈妈就会担心小走对呢。"

——走对哼唧一会儿后也就没事了。

虽然以上方式我们之间也并没有太大的冲突，之后他也达到了我这个家长的要求——所吃不超过说明书写着的界限。但我觉得这些都不是最好的方式，本来吃是件愉快的事情，搞得每次让一个幼儿因为受限而不能"豪爽"地吃。整个过程也只是比一般的妈妈好一点点，没有命令、指责，没有让他情绪大爆发，实质上也是一种"温柔的控制"，这样的教养方式并不能培养孩子真正的能力。

之所以选择"发放"的形式，无非就是觉得这样是一种"可控的安全"，实际上也是"不相信孩子"的表现。他真的不可以自我控制吗？就当作试验来冒险一回吧。

"走对，你想吃牛初乳吗？我们一起去拿吧，交给你保管。"

奇迹马上就发生了，他自己伸出一个食指说："小朋友一天只能吃一颗。"

"嗯，走对自己决定。"

他打开盖子，取出一颗放进嘴里，然后又说："小朋友一天只能吃一颗。收起来。"顺势就放到桌上了。当然过了一会儿之后，显然他还是忍不住想吃的，又把罐子取过来，还是重复一句话："小朋友一天只能吃一颗。"他又取出一颗准备往自己的小嘴巴送，我看着他舔了一下舌头，更大的奇迹发生了，他把带着一点点他的口水的这颗牛初乳送到我跟前说："请你吃。"还问："甜吗？"我说："甜，谢谢你！"紧接着我看到他跑去客厅，给阿姨和奶奶各送去一颗，当然也给自己送了一颗。由于数目还在"可控的安全"范围内，我只是观察并没有干涉他的行为，认可他，对他说："走对好有爱心哦，懂得分享了。"他兴奋地拿着牛初乳的罐子满屋子跑，剩下不多的牛初乳在罐子里也随着他的脚步兴奋地跳跃着，发出嘣嘣嘣的响声。奶奶显然已按捺不住了："快把那个罐子拿过来，小心他多吃，吃多了要不得啊。"我很理解她的担心，这也是过去我的担心，并且一天吃几颗还是我告诉奶奶的。奶奶在严格执行我的"规定"，她并不知道我已经悄悄改变策略了。于是我说："走对可以自己保管和决定的，我们相信他吧。"又在屋子里跳跃了几圈后，他走到我的跟前，看着我的眼睛，打开盖子还想拿，他在用眼神征询我的意见，好像要有点控制不住自己了。我想我还是适当提醒一下吧，问："走对，说明书上写着小朋友一天不能超过四颗，你要怎么办呢？"走对迅速地拿了两颗还是三颗塞进自己的嘴巴，然后把罐子迅速地放到一个抽屉里面，切断自己的诱惑源。

我已经很满意今天的冒险试验了，也不去深究最后是不是超过四颗了。对于一个不到三岁的幼儿，要与吃这种诱惑做对抗，简直近乎残忍。由于大人的"放手""信任"，也有适时的引导，他做到了，还体现了更优秀的品质——主动分享。以前我们"发放的零食"，即使是请他分享，他也会马上拒绝，心情好的时候会分一点点，也就绿豆那么大的。

当大人信任孩子，让一个孩子拥有了自主权后，他便开始自我思考、自我成长。这样的方式孩子才有可能被培养出"责任心""善良""自控力"这样的优秀品质，才能越来越成为我们心中期望的那个孩子。

我也放手让他自己洗手，自己决定放多少洗手液、自己决定洗手的时间，不再因怀疑他会玩水、玩泡泡很长时间而全程由我操纵。这样的冒险，结果是他自己洗干净后还自觉把水倒了，并没有留恋玩水。信任是一种健康的冒险。

国学大师傅佩荣先生在解说孔子提出的"仁"时，说"仁"就是从真诚引发力量，就是让一个人内在自觉，有行善避恶的要求。让一个人内在自觉，自我成长，那是最好的方法，也是长久有效的方法。

用"爱"去征服

2010年9月的开学典礼上，校长给孩子们提出了三个问题：

1. 你知道或者了解甘地、成吉思汗和希特勒吗？

2. 你认为他们成功吗？是英雄吗？

3. 以一封回信的形式谈谈你的看法。

孩子们在回信中，纷纷提出了自己的看法。有的认为希特勒是个很有毅力的人，但是他太残暴；有的认为甘地很能吃苦，联想到自己的现状，觉得应该以他为榜样；有的说甘地带领人们以"非暴力"这种独特的方式为独立而战，能够成为精神领袖，是因为他心中有大爱。

……

每个人都从自己的认知和价值角度出发，提出了鲜明的观点。看到孩子们的成长与进步，非常喜悦。以下是以少先队的名义回信：

亲爱的同学们：

很高兴看到你们的观点！你们通过对甘地、成吉思汗以及希特勒的了解和比较，都提出了自己的看法，真为你们的健康成长而骄傲。很多同学的观点阐述表明：一个有远大理想的人，不仅要有勇气、智慧和能力，更要有正确的人生观和价值观，要以"爱"来对待自己，对待他人。靠屠杀只能得到痛苦和毁灭，靠强悍去征服永远摆脱不了反抗，用爱和自尊才能赢得整个世界和真正的人心。同学们现在应该多读书、多思考、多学习，努力让自己做一个睿智而高尚的人，让自己的人生价值在一些有益于他人、有益于社会的行为中实现。让这个世界因为有你而更加可爱，生活因为有你而更加美好。

最后，让我们一起来分享同学们思想的火花。

珍贵的教师节贺礼

　　2009年的教师节，收到了行知第一届毕业生的祝福。10多个孩子一起来到学校，来到曾经教过他们的老师的办公室问好并祝福，还带来了他们共同制作的贺卡，上面有他们的亲笔签名，龙飞凤舞中带着稚嫩，才想起，他们已是初中生了。感动，回信。

亲爱的孩子们：

　　非常高兴收到你们给母校老师送来的教师节贺卡，谢谢你们，谢谢你们惦记着母校，谢谢你们回来看老师。自你们离开母校后，老师也十分想念你们，想念你们可爱的身影、天真的笑容……

　　愿这丝丝缕缕的想念化作温馨的祝福，祝福你们健康快乐、幸福成长。

我的第九个教师节

今天是我的第九个教师节，收到了一份特别真诚而令我感动的礼物，珍惜，珍藏。

这份礼物是一位爸爸的留言：

尊敬的左老师：

您好！感谢您两年多来对涵宝的悉心关怀、发现和培养，以及对我们育儿常识的指点。您是行知小学三年以来一直陪伴和见证涵宝成长的唯一的一位老师，看到孩子这两年来的进步，作为家长，我倍感欣慰。不仅如此，您在涵宝心目中的地位也是举足轻重的，这是从涵宝放学回家跟我聊天的言辞间流露出来的！

记得一年级的时候涵宝是最让我头疼的，是您的建议改变了我的决定，也让孩子爱上了跆拳道，且这种爱好至今都未见减退的迹象，更感谢您对孩子在语言学习方面的发现和鼓励，虽然他目前不是最好的，但我相信只要有您那润物细无声的引导，他会越来越好的！值此第31个教师节来临之际，请允许我代表涵宝及家人真诚向您说声："谢谢！"并祝您节日快乐、工作轻松、身体健康、合家幸福！

祝左对小朋友越长越可爱，将来走对人生的每一步！

非常真挚的感言，满满的成就感、幸福感！用心工作，于生于我都受益！

教育专家给家长的103条建议

这些建议对学校教育和家庭教育都十分有益，果断收藏，以便常常阅读！

一、教育篇

1. 每天花半个小时和孩子交流。

2. 和孩子在家也要使用文明用语，比如"早上好""请""谢谢""晚安"等。

3. 让孩子养成爱卫生的好习惯。

4. 多听听孩子的声音！——用耐心、爱心、开心去观察、倾听，心是长着眼睛的！

5. 不要为了提醒孩子，而总是揭孩子的伤疤。

6. 严肃指出孩子的错误！

7. 不要总对孩子一本正经，要多和孩子一起欢笑，因为笑声能让孩子更加热爱生活；引导孩子积极、轻松、愉快地看待事物。

8. 给孩子讲故事，要有耐心，故事要有一定的教育意义。

9. 不要把当年未曾实现的理想强加在孩子身上，想让孩子去实现。

10. 关爱孩子但适当时候适当的惩罚也是需要的，不要护孩子的短。

11. 教育并不一定只是讲道理，有时可以适当采取一些强硬的措施。

12. 结合孩子的表现，每天思考至少一个关于孩子成长的问题。

13. 对幼儿进行艺术教育，培养幼儿高雅的审美情趣，注意引导、丰富幼儿的感性认识，在大自然中加深幼儿的情感体验，是非常有益的。

14. 对于幼儿时期的孩子，不要让他们长时间地和自己的父母住在一起，隔代更亲，但不利于教育。也许没有科学道理，但绝对适用。

15. 注意培养孩子的善心。古人云：勿以恶小而为之，勿以善小而不为。

16. 教会孩子微笑，微笑面对生活的一切，微笑面对人生。

17. 对孩子不要乱许愿，承诺的事情要想尽一切办法兑现。

18. 要常换位思考！对孩子的所做、所想等家长应常换位思考，假如我是孩子的话，我将会怎样？

19. 给孩子一定的空间和自由，同时给孩子一定的压力和责任！

20. 向孩子说明，他本身已经很可爱了，不用再表现自己。

21. 从来不要说孩子比别的孩子差。

22. 绝不用辱骂来惩罚孩子。

23. 在孩子做的事情中，不断寻找值得赞许的东西。

24. 不要吓孩子，以免造成孩子过分胆小、怕事。

25. 不要当众批评和嘲笑孩子，以免造成心理畸形，让孩子失去自信心等。

26. 不要对孩子过分严厉，以免孩子惧怕、害羞，不敢发表自己的观点，养成面善心恶的性格。

27. 不要过分夸奖孩子，以免孩子养成"沽名钓誉"的不良习气。

28. 不要暗示孩子做不良的事。比如，打架一定要打回来、自己的东西不给别人吃、乘车不购票等。

29. 让孩子正确树立心目中的偶像。

二、成长篇

1. 给孩子一些私人空间。

2. 给孩子选择的机会和权利。

3. 让孩子自由选择自己的伙伴、朋友。

4. 让孩子做想做的事。

5. 让孩子做一些力所能及的家务，如洗洗自己的衣服、烧水煮饭等，让他意识到自己是家庭成员的一分子。

6. 为孩子准备一个陈列架，让他在上面展示自己制作的物品。

7. 认真地对待孩子提出的正经问题和看法。

8. 把孩子当作成人一样，和他平等相处，把孩子当成自己的朋友。

9. 及时发现孩子的点滴进步，懂得赏识孩子。

10. 记得对孩子说：我爱你，你是我的宝贝！

11. 记得经常亲吻你的孩子，抱抱他（她）、摸摸他（她）的头，让他（她）知道你的爱！

12. 随时关注他（她）的进步，并让他（她）自己知道自己的进步！及时发现孩子的点滴进步，懂得赏识孩子。

13. 多与孩子沟通，了解孩子，与孩子同行。

14. 不要给孩子贴上"笨"的标签。

15. 家长要耐心地倾听孩子的烦恼。

16. 要学会真诚地赞美孩子，而不是像对宠物一样说句"你真聪明"。

17. 让孩子经常有机会和他的同伴在一起。

18. 关心孩子的身体健康，更关注孩子的情感需要。

19. 先成人再成才，教育的根本目标是培养人，一个健全的人。

20. 在生活中创设一些困境，和孩子一起度过。

21. 鼓励孩子尽量不依赖成年人。

22. 了解孩子有哪些朋友，这很重要。

三、生活篇

1. 给孩子一些钱，让孩子学会理财。

2. 没有得到孩子的许可，不要看孩子的日记与信件。

3. 经常和孩子郊游。

4. 睡前给孩子讲讲故事，让孩子笑着入睡！

5. 给孩子一个主要供他玩耍的房间或是房间的一部分。

6. 如果有条件，每天晚饭过后和孩子到户外散散步。

7. 快乐与孩子一起分享！

8. 对小家伙开心地笑，并希望他（她）也常笑！

9. 帮助孩子与来自不同社会文化阶层的孩子正常交往。

10. 鼓励孩子与各种年龄的人自由交往。

11. 给孩子留出真正的"玩"的时间和空间。

12. 教会孩子骑自行车、游泳，这都是步入社会的一种基本技能。

13. 每天早上与孩子相互问候，让他感受到美好一天的到来。

14. 夫妻难免会吵架，但请一定要记住：避开孩子。

15. 每天下班回家看到孩子，首先微笑着问他一句：孩子，你今天快乐吗？

16. 不要给他留太多的物质遗产，给他一个健康的身体，给他一个健康的心理，一个快乐的人生。

17. 着重进行孩子的生活能力和行为习惯的培养。

18. 只要与创作有关，不要责备孩子房间里或者桌面上乱。

19. 父母对自己的双亲要孝敬有加，让孩子觉得家中充满了爱，同时父母也是他们值得学习的榜样。

20. 父母之间要互相谦让、相互谅解。

21. 不要太关心孩子。"自己的事情自己做"，以免孩子养成以自我为中心的坏习惯。

22. 不要太亲近孩子。让他与年龄相仿的孩子多交往，以免孩子养成性格孤僻的恶习。

23. 不能孩子要啥买啥。让他知道"劳动与所得、权利与义务"的关系，以免孩子养成好逸恶劳的性格。

24. 生活中的困难及一些家庭大事，有时可以和孩子商量商量。

25. 对孩子的爱要稳定，不要一会儿晴，一会儿阴。

四、学习篇

1. 和孩子一起读书，家长可以看看报，一个好的学习伙伴很重要。

2. 孩子在家学习，家长切莫搞一些娱乐活动，一个舒适的学习环境很重要。

3. 不要逼孩子学自己不喜欢的东西。

4. 不要因为孩子的成绩而责骂孩子。

5. 不要因为孩子试卷上的低分而认为孩子没有出息。

6. 教他（她）足以带来成就感的知识或事情：古诗、数字、故事、家务、玩耍、交朋友……

7. 教育孩子读好书、好读书。

8. 不要对孩子的学习成绩表示太大的关注，那样会造成孩子学习紧张、压力增大。

9. 不要把孩子的成绩与其他孩子相比，要分析一下造成这种现象的原因，反思一下有没有自己的责任。

10. 孩子的房间要有自己的书桌，书桌上要有几本自己爱看的书籍，如《格林童话》《伊索寓言》等。

五、娱乐篇

1. 和孩子一起看他喜欢的动画片，一起听他爱听的故事等。

2. 和孩子一起玩游戏、锻炼身体。

3. 控制孩子看电视的时间，每天在半个小时到一个小时之间。

4. 多让孩子看一些少儿节目：动画片、益智节目等，少看动作片、连续剧。

5. 孩子看电视时，家长们适时地陪他们一起，并且对里面的内容做一些讲解与讨论。

6. 春天可以和孩子骑自行车去郊游，夏天和孩子一起去河边游泳，秋天则背着铁锅和孩子去野炊，冬天一家三口在野地上打雪仗、堆雪人。

7. 允许孩子收集各种废弃物。

8. 孩子的朋友来做客时要表示欢迎。

9. 和孩子下棋，让孩子知道落子无悔，教育他对自己所做的事要负责任，同时下输了要承认。家长有时也要放手让孩子赢一两盘，这对孩子来说很重要。

六、告诉孩子的话

1. 对你不好的人，你不要太介怀，在你一生中，没有人有义务对你好，除了父母。对你好的人，你一定要懂得珍惜、感恩。

2. 没有人是不可代替的，没有东西是必须拥有的。看透了这一点，将来就算你失去了世间最爱的一切，也会明白，这并不是什么大不了的事。

3. 生命是短暂的，今天或许还在浪费生命，明日会发觉生命已远离你了。因此，愈早珍惜生命，你享受生命的日子也愈多，与其盼望长寿，倒不如早点享受。

4. 爱情只是一种感觉，而这感觉会随时日和心境发生改变。如果你的所谓最爱离开你，请你耐心地等候一下，让时日慢慢冲洗，让心灵慢慢沉淀，你的苦就会慢慢淡化。不要过分憧憬爱情的美，不要过分夸大失恋的悲。

5. 虽然，很多有成就的人士都没有受过很多教育，但并不等于不用功读书，就一定可以成功。你学到的知识，就是你拥有的武器。人，可以白手起家，但不可以手无寸铁，谨记！

6. 你可以要求自己守信，但不能要求别人守信；你可以要求自己对人好，但不能期待人家对你好。你怎样对人，并不代表人家就会怎样对你，如果看不透这一点，你只会徒添不必要的烦恼。

7. 人要发达，还是要努力工作才可以，世界上并没有免费的午餐。

8. 亲人只有一次的缘分，无论这辈子我和你会相处多久，也请好好珍惜共聚的时光，下辈子，无论爱与不爱，都不会再见。

父母的教育智慧

我的父母学历并不高，但是他们很有教育智慧，这是在我当了老师以后才发现的。

一、健美操陪练

有一年学校组建了青年教师健美操队，在训练之后就要上台表演，我很"不幸"入选其中。由于我乐感不好，动作不太协调，第一天训练下来，我总慢半拍。第二天，教练又教了新动作，我就更慢了。一大群人，大家都跳会了，我总是拖后腿，内心难免有一点挫败感。下班回家后我跟妈妈说："妈妈，今天跳健美操的时候，我动作总落后，一直没跟上节拍。"她说："那放下包，吃饭之前练习两次。"我也很听话，练了两次。快要睡觉的时候，妈妈又叫我了："你那个健美操，再练习一遍嘛，这样明天就不会落后了。"我在前面跳，她在后面跟着学，特别虚心的样子。本来想跳一次就算了，看她想学，就又多跳了几次，没想到，几次之后，居然还真是找到感觉了。第三天回到队伍的时候，我的动作就顺畅了很多，可以跟随音乐找到健美的感觉了。就这样，在妈妈的帮助和督促下，我很完整地学会了这套健美操，表演时还被安排在最显眼的位置。

当妈妈听到我的困惑时，她只是鼓励、陪伴，给我动力。

二、墙上的中国地图

小的时候，家里墙壁上白色的涂料是石灰和粉碎的纸皮合成的，时间长了，这层厚厚的涂料就跟砖头分开鼓起来了，好像里面充满了气体，气体还可以游走。出于好奇与好玩，我常常有意或无意地用手指或者笔头摁一下，越摁，鼓起来的面积就越大，有一天，一个地方竟被摁破了。这个小破洞又激起了我的另一个好玩的做法，忍不住用手指摸和抠，结果小破洞就越来越大了。爸爸发现后，说："墙上这个洞好像一幅地图啊。"没想到爸爸看到被抠破的墙居然没有批评我，还说像地图，我便抠得更大胆了。只是这后来的"抠墙"已经是有意识地往中国地图方向靠拢了，直到有一天，真的很像中国地图了，爸爸说："这堵墙硬是被我家满妹（我的小名）抠得像一幅中国地图了，你看这多像啊。"当时的我听了这个赞许是非常有成就感的，后来读中学，我的中国地理一直学得特别好，每一个省的形状、简称、省会、自然地理条件、社会经济条件，我都可以画出来、说出来。我不知道爸爸是有意这样鼓励我，还是无意的宽容与接纳，这个举动真的给了我很大的影响。

每每回忆起这些，我的内心总是充满了感动与自信，感动爸爸充满智慧的爱，这种爱也直接给了我自信，这份自信不仅在学习地理学科上，在别的很多生疏的事情上我也愿意鼓起勇气去尝试。

三、百变蔬菜

不爱吃蔬菜，大概是许多孩子的通病，我也曾是这样的一个孩子。记忆中爸爸妈妈讲过蔬菜含有丰富的维生素、叶绿素，对身体有营养之类的道理，但是这些正确的道理并没有打动我。可有一个方式，我却上了妈妈的"当"，每餐都把她分配的蔬菜吃得干干净净。

一次偶然的机会，妈妈从碗里夹起一个剥了皮的菜心头说："来，这个圆柱体桥墩奖励给你！"那一餐，我觉得我吃的不是蔬菜，我是在跟一些"桥墩"玩游戏。妈妈肯定是发现了我的这点小心思，之后的蔬菜宴，她把白菜头切成正方形、三角形，或者把萝卜切成五角星；到了夏天，黄瓜片、茄子片就变成了"太阳""月亮"，我再没有跟她反抗过"我不要吃蔬菜！我不喜欢吃蔬菜！"

此事回想起来，妈妈真是一个天生就懂得儿童心理学的女人！

四、跳一跳，我们就到了

儿时的我，喜欢跟着大人走亲戚或逛大街。那时候没有方便的交通，总是要走很远的路才能坐车或船，还有许多地方干脆是一走到底。本来他们是很愿意带上我的，只是我走一小段路后，就要求大人抱或背着走。这样的行为使得我成了一个十足的"拖油瓶"，因此他们常常找一些借口拒绝带上我。我也是有对策的，会在他们的必经之路——边上的草丛中提前躲起来，待他们路过时，就跳出草丛打招呼、扮鬼脸，这样的方式让他们实在不忍心拒绝我。只是走着走着，老"毛病"又犯了，爸爸的方式是先背我一小会儿，然后说"前面的坎就要到了"，这时候我会一骨碌往下滑，之后一路径直往前走，去寻找那个有趣的可以跳的坎或者小坑。一路上，这样走走跳跳，目的地也就到了。

爸爸并不懂得这是先同理，然后再引导和鼓励，把责任还给孩子这些教育原理，但是他践行得如此好。

已记不清别的事情了，这几件是印象最深的，我想这是父母的一贯方式吧。在我的成长中，他们大多数时候是采用接纳、同理、肯定、引导、鼓励、支持这些正面的方式。

GROWTH
NOTES

在前进中反思　在反思中成长
——读《教师反思的方法》有感

　　自从当上教师后，书架上就多了许多关于教育的书，像《新教师课堂教学入门》《新任教师完全手册》《小学课堂管理》《做最好的班主任》《中国最佳教育随笔》等。惭愧的是，我并没有系统深入地研读它们，通常是在教育教学工作中遇到问题时，拿起相关的一册来翻阅，试图从中找到解决难题的处方，如同小学生遇上生字了查字典一样。然而我的这些"字典"并没有提供放之四海皆准的处方，处方是别人的，照搬只能缓解一时的疼痛，却封闭了个人的思维与智慧。在假期中我找到了真正适合我的"字典"——《教师反思的方法》，虽薄薄一册，却似那吕洞宾点石为金的指头。

　　此书结合现时教育中的各种案例，系统地介绍了教师反思的含义、作用和方法。在案例中阐述理论，在理论中说明方法，比起一般的教育类书籍，它生动有趣、实用性强。它让这个悠长的假期不再单调。

　　以前外出学习，也听领导或专家谈起过要对自己的教育教学工作进行经常性的反思，要做一个教育研究者，但是具体怎么开展、怎么坚持，又总在整日的琐碎忙碌中消失。看了书中的案例后，才知道写反思其实并不是那么困难，用心去看、用心去想、用心去写，便水到渠成了。

　　我想，反思带给教师的最直接的作用便是在遇到困难时找到解决问题的方法。记得当初刚入课堂的时候，最难的事莫过于控制课堂了，56个一年级的小朋友，他们根本没有"现在是上课时间"的概念。我人在前面，离我远点的后面乱了；我来到后面，前面又乱了。来到左边，右边乱了；来到右边，左边乱了，我顿时焦头烂额，不知所措。回到办公室后，心情降到了谷底，到底问题出在哪里？讨教了资深教师的建议后，我结合当时的情形进行了总结，才知道和一年级的小朋友上课调控课堂要有朗朗上口的上课口令，并结合动作，老师要活泼但也不能缺少严肃，课堂形式要符合小孩的心理，丰富多彩、动静结合……第二天再上课果然好多了。结合自己实际得出的方法才是最适合自己的法宝。

反思也让我在工作中保持热情。在一次次的反思中，一次次地得到了解决问题的方法，于是我觉得工作越来越有意思了，小朋友们越来越可爱了。我发现学生有喜欢挑战的特质，于是我在设计课的时候，插入一些既融入知识点又具有挑战性质的游戏，让他们体验成就感。在平时的班级工作中，一些事情我也运用挑战的口吻跟他们说。比如他们的吵闹声太大了，我说："咱们来一个比赛，保持安静五分钟，五分钟也不短哦，不知道咱班同学有没有这个胆量呢？"他们果然中招了。这时候我也体验到了成就感，让我觉得工作其实是一件多么开心的事情。

反思可以激发灵感。有时候，遇到问题时，不是反思了就可以有答案的，往往有这样的情况，反思得到的方法达不到最佳的效果，或者干脆百思不得其解。由于保持思考的状态，在某些特定的情况下，或受他人言行启示，或受到新的理论的启迪，与自己正思考的问题产生了碰撞，从而顿生灵感，使自己进入豁然开朗的境界。

　　在没有读这本书时，平时的工作中也有反思，但从来没有对反思有过清楚详细的了解，也从来没有对反思本身进行过反思。而今，我更加清晰地认识到了反思的巨大魅力：寻找方法、保持热情、激发灵感。我想，在以后的工作中，我不仅要反思，在前进中反思，而且还要记录、整理，在思考中成长。让反思成为解决我们工作难题的秘籍，让反思成为激励我们热爱工作的法宝。

做一位学习型的家长
——读教子秘籍《特别狠心特别爱》

学校推荐老师们读《特别狠心特别爱》这本书，回去一看我便爱上了它。理论与实践结合，叙述生动有趣，还有很多组实用的测试题和方法技巧，对于如何教育好孩子说得全面而透彻。我感叹沙拉的睿智博学，我也很庆幸在我的宝宝出生之前就看到了这样一本"教子秘籍"，我还把重点的地方画出来了，要发动我的婆婆看。因为在中国，有独特的帮忙带孩子的"老人军"，我的家庭也不例外，必须让婆婆接受全新的观念，成为真正教养孩子的"帮手"，而不是"阻力"或者"敌人"。

利用一个星期的零碎时间，我把它读完了，书中的育儿观念正是本书的书名——特别狠心特别爱。书中大量引用多位教育家的言论，以及中国、以色列民间流传的育儿谚语及育儿故事、寓言，结合沙拉自身的育儿经历，生动有趣地阐述了正确爱子的三大内涵：一是在有偿生活机制中爱孩子；二是延迟满足，适当不满足；三是撤退一步，适当放手。我认为这本书值得好好研读的原因有三：

第一，它不是纯粹的育儿故事述说，有总结，有提炼，还有理论来源，所以有借鉴和推广意义。我统计的书中引用的心理学家、教育家及教育界权威人士的言论多达17条，虽然书后面没有做系统的罗列，但在行文间都有明确标记。例如，在第80页引用了儿童心理学家马·劳狄斯·卡兰丹的"一个社交能力低下的孩子比没进过大学的孩子更具有缺陷"来说明培养孩子社交能力的重要性；在第119页引用美国心理学家埃里克·弗罗姆的"'爱'就像我们掌握其他艺术一样，它是需要学习才能掌握的"来强调通过学习掌握正确爱的重要性；在第183页引用中国儿童教育家陈鹤琴的"做母亲的最好少一只手"来告诫家长不要"过度抚养"。像这样的理论依据引用还有许多，一方面说明沙拉阅读之广、学问之深，另一方面更能体现她在教育孩子方面如此成功绝非偶然。

第二，在结合自己的育儿经历陈述完一种能力的重要性之外，在此篇章的末尾会列出培养此种能力的方法、技巧，共有20种之多，列举如下：

1. 财商栽培法——P58。

2. 孩子家务能力栽培法——P67。

3. 孩子社交训练法——P93。

4. 孩子管理能力栽培法——P103。

5. "延迟满足"的技巧——P130。

6. 对孩子说"不"的艺术——P139。

7. 这时候要对孩子说"不"——P147。

8. "逆商"训练法——P155。

9. 立规矩的十一个小窍门——P174。

10. 慢养孩子栽培法——P185。

11. 宽待孩子的方法——P192。

12. 家长学会给自己减负的几种方法——P200。

13. 提高孩子学习能力的方法——P203。

14. 如何培养孩子的选择能力——P217。

15. 培养孩子处理突发难题能力的方法——P224。

16. 孩子感恩心栽培法——P234。

17. 了解孩子心思的小窍门——P241。

18. 家庭会议基本原则——P248。

19. 培养孩子的乐观态度——P255。

20. 单亲家庭该怎样疼孩子——P262。

很全面的总结，可以说，把培养这20个能力的方法用好了，不想把孩子培养好都难。

第三，结合自己的教育故事、民间教育故事和寓言来叙述观点，深入浅出、生动有趣，易于吸引读者，这正是这本书如此受欢迎的原因之一。它适合各种各样的群体，文化程度一般的也能读懂，文化程度高的则能更好地吸收利用。例如，用两只狮子的故事来说明培养孩子自理、自立能力的重要性，用刺猬取暖的故事来教给父母爱要掌握距离的道理等。

以上是我读此书的一些心得总结，可能还有很多精辟之处没有注意到。我还有一个思考就是在读完书后要将书中的方法用到实践中，能用多少用多少，有些也似乎难以坚持。那么有一种解决方法是，家长都读这本书，都用这本书，一段时间后开展"恳谈会"，或许别人的实践经验可能被借鉴解决自己的问题，也能相互打气坚持下去。

最后，用沙拉在书中多次提到的一句话作为总结："生孩子是母鸡都懂的事，养孩子就是另外一回事了！"做家长一定要有学习意识，努力做一位学习型的家长！

成长大过天
——参加龙华新区首届卓越课堂大赛有感

第一次参加全能教学基本功比赛，从教学设计到说课再到上课，这个过程很辛苦，但让我增长了知识、提高了能力。这能力不仅是教学的能力，更是承受压力、处理问题、临场应变、与人沟通合作的能力。参加此项比赛后，我有四点感触颇深。

一、要摆平心态

把比赛当作提高水平的机会，过程要认真准备、尽力做好，不要太在意结果，做到宠辱不惊、去留无意。

二、要重视团队合作

集体智慧多，团队力量大。要重视团队合作，不要单枪匹马孤军奋战。团队有效合作不仅能取得比赛的理想成绩，还能提高团队的水平、增强团队的凝聚力。

三、要重视平时的基本功

苏霍姆林斯基说过，一个教师备一堂课只用了半小时，但其实是一辈子。平时扎实的基本功是比赛取得好成绩的基础，所以平时要多读书、多思考、多实践、多记录。

四、要相信自己

由于各种原因，最后的呈现不一定能得到理想的认可，但是只要自己认为对的方向，就要坚定地走下去；只要是对学生有意义的事情，就要坚持做下去。

在准备比赛的过程中，工作日要上课，还有各种常规教育教学工作要做，所以很多个晚上晚睡、很多个周末没有放松休息，今日做此总结，梳理提炼，发现所有的付出都是值得的。感谢有你！让我成长！

如何着手写学术论文

在写作之前，要有大量的阅读，形成自己的教育系统，在这个基础上，结合自己的实践与思想，确定方向。

紧接着，选定关键词，确定论题。论题可以是事实判断或者价值判断，无论哪种判断，都要通过实验研究、历史研究或者调查研究来论证。当然，有一些论题可以是对某部电影或某本书的研究，如《鲁滨孙漂流记》中的三个教育母题、《象棋的故事》中的教育现象学。

另外，论文的写作要力求用干净简洁的语言，忌用形容词。

为什么还读这本书？
——读《丢三落四的小豆豆》后的思考

　　早就听说日本作家黑柳彻子创作的"豆豆系列"书籍是很好的教育类读物，有很深的教育意义，在网上浏览了一番，大家的评价也都颇高。于是去图书馆借"豆豆系列"，管理员说："你来晚了，只剩下《丢三落四的小豆豆》这本了。"我心头掠过一丝遗憾，早点来好了，不过还是一阵窃喜，还算幸运，赶上了最后一本。开始研读，然而，中途出现了好几次想放弃的想法，但我总想，美的风景在后头吧。今天终于读完了，心中满是疑惑。

一、导向错误

　　封面上对于本书的介绍是这样的："《丢三落四的小豆豆》记录了小豆豆长大后的故事，这些常人觉得应该做好，却被小豆豆'搞砸了'的事，虽然看似好笑，却折射出小豆豆天性中纯真友善、乐观积极的光辉。"因这个介绍，我坚持读完了此书，确实是一本"被搞砸了的事情"的集合，但我没有读出纯真友善与乐观积极，只是觉得这些故事过于幼稚与平庸。现代社会的信息如此发达，各种观念、思想及高端的创意设计产物，通过电视、电脑、满街的广告等传媒无孔不入地刺激着孩子渴求认知世界的心灵，小孩接触新事物、新观念的机会不可阻挡，他们的审美情趣需要正确的引导，书中的"砸事"便无法与他们的精神现状有机吻合。当然，我们也可以谈现在孩子的童心，但作为满足孩子精神需求的作品，其趣味性和影响力，远远比不上《安徒生童话》等故事。

更值得一提的是，尽管人总是犯错，但人是怀着把事情做好的心去做事的。书是人心灵的导航仪，而此书似乎在推崇把事情办砸了是一件很可爱的事情，让孩子们把办砸事当成模仿对象，当成学习目标，如此一来，产生了那么几个女孩子，时不时故意干点小坏事，选择反叛作为个性，选择哗众取宠树立"小精灵"形象，而最终换来的只能是大家的不喜欢。

二、立意太浅

书中所有的故事都是"我"这个女孩子的小我情感和见闻，以"我"开头，以"我"为中心，以"我"结尾，缺乏思想见地。读完此书后，我也进行了一些调查，发现爱看此书的大多是生性孤僻、气量偏小的女孩子。因为她们和书中的女孩一样，喜欢关注小我的东西，能与"我"产生共鸣。相反，男孩子和阳光大气的女孩大多不爱看这本书，他们觉得书中的事太傻。一门心思整天沉浸在自我小世界里的孩子是没有时间关注他人的，也不懂得如何与别人相处合作，而对于广博深远的东西，比如天、地、宇宙、社会问题、整个人类的生命等，他们只会觉得遥远、懵懂和漠然。这样的孩子，又如何能有高远的目光、博大的胸怀和远大的理想呢？

三、语言太泛

书中所记故事大多泛泛而谈，有记流水账之嫌，而叙述这些故事的用语也语无伦次，让人读来很吃力。比如第119页"给儿子"这章节中的第一段：

我第一次的美国之旅，买了十个非常漂亮——但很大——的掸子，闹了个大笑话，这件事我已经在前文中写过了，但实际上我还买了一样东西，想起这个时（此处可能为印刷错误，应当是"事"），让我有些难过。

显然，第一句话就很拗口，我们可以说"我的第一次美国之旅"或者更通俗点说"我第一次去美国的时候"，而不会也不应该在一本堪称著作的书中写下"我第一次的美国之旅"这样语序明显不当的句子来。这段话从整体来看，无非就是要表达第一次去美国的时候，为买了某个不该买的东西而难过，中间那几句关于前文提到过的买了十个漂亮的、大大的掸子的事，既做不了铺垫，也成不了衬托，完全没有必要写进去。

书中诸如此类的语言问题随处可见。一本书，如果缺乏准确、精彩的语言运用，甚至还有显而易见的语法错误，就不能称为一本好书，而只是一本消磨时光的书。古往今来，凡是能写好文章的人，必须具备一定修辞美学的功力，好的作品，如中国古代的《红楼梦》、西方的《哈姆雷特》，词语的内涵与外延的把握、比兴的运用都经得起推敲，甚至让人拍案叫绝。当代社会，影视传媒得到极大的发展，造就了一大批睿智的、语言能力极强的播音主持人，如央视鞠萍主持儿童节目所说的话、赵忠祥悼念罗京的短文，句子用词十分轻松又非常恰当，随口而出，但任何一字的变动味道都不如原话恰到好处了。好的台词、好的讲话、好的书很多，因此，同样的时间，读一本好书，与读一本泛泛而论的泛泛读物相比，前者会有更多的收获和更美的享受。也许《丢三落四的小豆豆》原著语言比译本更精准，然而我们能读到的是这样的译本。有限的时间与精力应该与经得起推敲的好书为伴。

　　古训认为开卷有益，但在层出不穷的作品中，在各种各样的选择面前，我们要注重精华的东西，只有读好书才是有益的。此书浓度不高，只能作为一般消遣读物。我直率地指出本书的一些问题，也借此希望我们的孩子们能进步，对社会上流行的东西有自己的见解，对别人说好的东西也可提出问题，寻找正确的方向，树立正确的价值观。

　　希望孩子们有更好的读物，让精神境界得到更高的升华，从而获得智慧。

幸福VS倦怠
——听《第56号教室的奇迹》作者雷夫讲座所感

听完美国年度教师雷夫的讲座，特别是他答老师问后，我最大的感受就是雷夫是一个活生生的真实的人，不是梦幻中的神。我喜欢这种感觉。因为这样，我们普通老师也会觉得特别有信心。

雷夫，在第56号教室已经待了25年了，他带的一直是五年级的学生。除了今天政府、各大媒体赋予他的各种光环与荣誉外，其实他也有"曾经的好学生下滑很厉害，加入帮会甚至吸毒"的苦恼，有"有的孩子爱我，有的孩子不会想起我，有的孩子甚至恨我"的无奈。

通过查阅资料并结合他的讲座，我对雷夫的教学态度做了这样的概括：积极而不急躁、执着而不固执、耐烦而不倦怠。用他自己的话说就是"我有自己的教育信念（教学主见），敢于尝试，并且一直坚守"。他有两个最重要的教育信念："要想我们的孩子成为什么样的人，我们就必须做什么样的人。""我们必须有耐心，学习是马拉松而不是百米冲刺，我不赶时间。""教给他们十年后要用的东西。"表现在他的课堂教学中是他重视阅读，带领孩子表演莎士比亚戏剧，经常进行户外旅行实践活动，等等。他说："我的校长以为我疯了，因为我把教科书全部扔掉了。"

当时听完回来后，我心中就暗藏着一股力量，总觉得自己想做点什么来感受一下那种激动。

　　刚好那个周末我看了一部电影，是陈凯歌拍的《和你在一起》，讲的是一个被遗弃的孩子刘小春学小提琴的故事。剧中13岁的刘小春对音乐的悟性，以及他幼小心灵对成功的诠释让我很感动，我看完就很想跟同学们分享，因为他们生活在今天这样一个时代，疯狂地参加各种兴趣班与培优班，学会定义成功、学会选择对他们至关重要。

　　演刘小春的演员叫唐韵，当时13岁，此时24岁，已经是一位世界著名的小提琴演奏家了。此前我也看过一个节目，唐韵在节目中讲述了他学琴的一些故事，他说他练琴特别辛苦，因为他有一位很严厉的父亲。他不仅由于长时间站立身体疲劳，还要躲避他爸爸因为他拉错音而扔过来的东西，有一次躲闪不及还被打骨折过，打了五天石膏，拆完接着上赛场。但他还是很感谢他的父亲，因为如果没有父亲当年严格的监督，就不会有他今天的成就。我设想看完电影后，再给同学们看这个节目，让他们了解要想有所成就，是要付出的，也让他们能够理解父母和老师的苦心；另外，也想让他们知道，有些人年少的时候成名了，可是后来就销声匿迹了，但唐韵不是这样的，他的坚持让他有机会给更多的人带来更优美的演奏，为别人做了贡献也成就了自己。

　　原本的打算是放在全校的电影课上，但是我已经等不及了。恰巧那一周李娇让我帮她代音乐课，我想那就给孩子们看这部小提琴演奏家小时候主演的学习小提琴的电影吧，正好也跟音乐相关。换在从前，我肯定给他们上英语课，一是想当然地觉得这样做可以提高成绩；二是除了上英语课，也并没有随时预备其他好的素材。

　　这一次，我勇敢地丢开了教科书。在这节英语老师上的音乐课上，奇迹出现了，孩子们开始还因为惊奇而有些躁动，后来他们就渐渐进入了角色，我居然没有像平常上课那样需要停下来维持纪律。我们中途停下来对某些片段进行讨论的时候，我惊喜地发现，这些四年级孩子的理解力并不亚于我们这些成人。下课铃响的时候，我们都有些舍不得。这种感觉让我心情特别舒服，觉得这些孩子似乎比以前更加可爱、更加聪明了。我很愿意见到他们，而他们似乎也很愿意见到我。作为女教师，总是情不自禁地被情感牵着走，我在第二个星期忍不住花了两节英语课的时间领他们看完了这部电影和唐韵长大后回忆学琴的视频。我也给他们布置了作业："你印象最深的是什么？""你最喜欢哪个角色？为什么？""你是怎样理解选择与得失的？"大部分同学写得都很认真，还有同学是用英语写的，这绝对是个意外的收获，因为我布置的时候是用中文讲的，也没有特别提出来要用英文写。其中，贾睿之和王淼全两人合作的作品，第一次是全英文，第二天他俩又给了我一份中英文对照的。作品中虽然有些语法、词汇错误，但是很有哲理。也许他们不一定能成为哲学家，但是他们应该能成为有思想、有主见、有分辨能力的人。而我，作为他们的老师，应该给他们种下愿意思考的种子，给他们提供思考的素材，引导他们思考的方向。这一次，我做到了！另一个意外的收获是第二周音乐课来临的时候，有同学过来问我："老师，今天的音乐课还是您上吗？"在这次经历中，我微微感受到了全国特级教师陆恕校长上次给我们培训中讲到的好的师生关系应该是课前盼着老师来、课中愉快地和老师相处、下课舍不得老师走的那种感觉。这种感觉让我兴奋了很长一段时间，并且让我觉得很幸福。也许，教师的幸福就是来自这些小小的兴奋、惊喜与感动。我也知道在座各位老师一些令人感动的故事，我听说过郑秀芳老师的学生在作品中描绘她优雅得体的举止；在举行运动会的时候，我看到过袁生慧老师的学生抢着为她撑伞遮阳；我还听说过那个曾经脾气粗暴、外表冷漠的江晓初在教师节专程回来给冼丽君等老师送花，还写下"不怕分别，只怕被遗忘"的语句……一定还有其他老师许许多多我不知道的故事，不知道我的分享是否让你们重温了各自的幸福与感动呢？

　　有些感动不经意就来了，当它没来的时候，我们也可以创造条件引发感动。幸福的时候多了，郁闷的时候自然就少了，那么就不会有倦怠感了。

原来可以这样做
——读《英语可以这样教》有感

    《英语可以这样教》这本书不是名著，它没有高档的封皮，也没有太多哲理化的语言。整本书都是作者沈丽新老师教育生涯中的鲜活点滴和真情流露。很适合一线的教师阅读，读后易产生共鸣，获得灵感。

一、一本集休闲与学术于一体的书

    书中没有生硬的章节模块，没有太多的条条框框和公式化语言，是一本让人可以边品茶边读的书。书名《英语可以这样教》就定下了这个基调；如在"教学科研，促进专业成长"这一章里，沈老师谈到语音教学，命题为"语音教学，想说爱你不容易"，文章又分别从"触摸语音感觉""感受语音韵律""渗透语音印象""掌握语音知识"四个方面结合实例进行了具体阐述。让读者可以在平易近人的语言中看到具体实用的方法，给人一种特别放松的感觉。教师白天工作累了，如果能读到这样的书，既是一种休闲放松，也是一种业务学习。

二、一本真的书

说它真，是因为书中记录的每一篇案例并非都是成功的案例，有作者成功后的喜悦，也有作者努力后的失望。但是，贯穿书本始终的主题是，沈老师对她所从事的教育事业、对孩子始终充满爱和希望。正如她所说："每个班，总有那么两个学习特别困难又不合作的学生，我总是给予最多的关注与辅导，也不奢望他们有一天会奋发图强，只是传达着我和同学们对他们的耐心等待和悉心守护。"

三、一本实用方法集

书中很多篇幅，一篇就提供了一种教育或课堂教学方法。而这些方法是你还在微笑的时候不知不觉获得的，因为书中几乎每篇文章，对于读者来说，首先是在欣赏一则饱含教育情怀的故事，之后不经意间发现原来可以这样做。每学期的第一堂课，我常常会为到底给学生上什么样的内容、以什么样的方式上课才能达到最好效果而困惑。书中有好几篇文章给了我莫大的启迪。"'我'很重要"，沈老师带孩子朗诵诗歌"我很重要"，让孩子明白自己的责任，并勇敢地、自信地担当起这种责任。在新学期的第一天，"聆听世界的声音"，沈老师用她搜集的资料与孩子们回顾那一年世界上发生过的大事，放眼世界，聆听世界的同时轻松地朗读Cambridge，Prime Minister等。除了有关开学第一课，书中还有解读教材、课后反思、与学生交往、教学科研等方面的记录。

四、一本引人深思的书

书中的情景是那样的亲切，笔法是那样的温婉，看完之后，让人不得不想到自己平时的教育教学，结合沈老师的方法策略一琢磨，不禁发出轻松愉悦的感叹：原来教学随笔可以这样写！原来公开课可以这样上！原来可以这样对待学生！原来英语可以这样教！书中并没有一目了然地说可以怎样做，事实上没有一种方法可以放之四海皆准，它需要人创造性地利用，因为方法是给有心人使用的。

此前，我也有过心理负担。假期里要读一本书，并且要写读后感，还得好好写，因为要分享啊。我不得不承认，这些在一段时间内确实给我造成了心理压力，但是最终把这件事情做完的时候，我很欣慰，很庆幸有这样一个机会让我选择读一本书，然后去思考一本书。这个过程让我有了很不一般的收获。

浙江大学·2013年深圳市教育系统团队干部高级研修班印象

2013年11月4日至8日，我参加了浙江大学·深圳市教育系统团队干部高级研修班。在这短暂而珍贵的一个星期里，友好的杭州人民、有着浓厚人文气息的浙江大学、积极向上的同行们，以及生动而富有内涵的课堂都给我留下了深刻的印象。

一、人文印象

初到杭州，便深刻地感受到了杭州人的友好与彬彬有礼，马路上，无论早中晚、无论车多车少，会看到车子礼让行人的美景；在宾馆，打扫卫生的阿姨是那样温婉有礼、尽职尽责；送我们去杭高参观的司机在等待的过程中，是坐在他的驾驶座上看书……在浙江大学管理学院的大堂里，挂了一圈的院士照片及简介，仿佛看到了他们当年在此认真学习、刻苦钻研的身影，他们的精神影响着一代代的浙大人，培养出一批批有文化、有内涵、有修养的人才。我很幸运能来浙大感受这种气息，希望能传播给更多的人、影响更多的人。

二、同行印象

我所在的第五组共有7位成员，大家来自不同的学科，但由于都负责团队工作，共同的经历让我们有了共同的话题，相处如兄弟姐妹般融洽、亲切，我们亲切地称呼"小伙伴们"。在一周的学习与讨论中，我深刻感受到了"小伙伴们"积极阳光的心态、认真负责的态度和身上散发着的热情与活力。"小伙伴们"对教育都有自己独到的见解，一致认同"以人为本"的教育原则，认为学生平时的比赛应该是一个锻炼、鼓励、提高的平台，而不应成为老师炫耀谋利的方式。我为能结识这样一群"小伙伴"倍感骄傲，我为孩子们能有这样一群老师倍感幸运。

三、上课印象

教授们为上课精心准备了教案与课件，其中邓新文老师的《传统文化与人生智慧》与余知行老师主讲的《团队工作中的沟通口才与艺术》给我留下了深刻的印象。

邓老师从鲁迅先生杂文里的一则故事谈起。

一财主生了一个男孩，全家欢天喜地。满月的时候，抱出来给客人看——自然是想得到一点好兆头。一个人看了后说："这孩子天庭饱满，将来要做官的。"于是他得到一番感谢。另一个人看了之后说："这孩子长得眉清目秀，将来是个读书人。"于是他收回几句恭维。一位秀才看了之后，说："这孩子将来总是要死的。"于是他得到一顿暴打。

邓老师以此故事生动自然地展开中国传统文化中的"情理"与西方文化中的"物理"的比较，前面两人说的话看起来是谎话，但是符合情理，孩子满月抱出来给众人看，当然是来讨好兆头的，至于能不能实现，那是将来的事情。而秀才说的话虽然是真话，符合"物理"，却不符合"情理"，自然遭到暴打。我们中国传统讲究先情理后真理，所以叫"通情达理"，不是"达理通情"。在平时的工作中要遵循这一原则，它能缓和人际关系，能提高工作的效率。

在现代教育中，要引导孩子博古通今，做到既懂现代，又知传统，培养完整的人。这里引发我的思考是，要怎样引导学生学习传统文化？是背背《弟子规》吗？现在一些地方有纯粹的书院，把孩子送进去之后，整日地背诵古代诗词文赋，不学习其他的科目，这样的方式是否值得提倡？

邓老师还讲到了"如何看待成功"。爱因斯坦有一个公式——"成功等于百分之九十九的汗水加百分之一的聪明"，这个公式强调了个人努力的重要性，但绝不是金科玉律。在现实中，这个公式并不全对。邓老师总结出了一个更正确的公式——"成功等于汗水加聪明加福德"，这个公式认为个人努力与智慧对于成功是重要的，但是要成功还有一个"福德"的因素。这个公式能让聪明人努力之后没有成功内心也能平静，我想这是传统文化的精髓之一吧，它让人更加淡定从容、宠辱不惊。

由于时间有限，余知行老师只讲到了影响沟通的一个要素——情绪。她讲到一切情绪的产生都源于认知模式，负面的情绪来自有偏见的认识，正面的情绪来自积极的认知模式。所以，一个良好的认知模式（思维模式）将改变一个人做人做事的方式，并且这种方式还会演变成DNA遗传给后代。

良好的认知模式有两个好习惯可以支持其形成，第一个好习惯是微笑，第二个好习惯是谦虚。虽然此前我并不了解微笑还能帮助形成良好的认知习惯，但是我一直认为微笑是一张很好的名片，所以在少先队的活动中，我们曾开展"让我们以微笑相见"为主题的国旗下讲话、班队主题活动，"寻找最美笑脸"摄影活动等。在听完余老师的讲课后，我更加明确了这些活动的意义与价值，内心充满了成就感、幸福感！谦虚不是否认优点，在一般的认识中，谦虚就是别人夸你，你就回答"哪里哪里"，进而有了和外国人对话的笑话，"Where? Where? ""Every where！Every where！"谦虚是养成找优点的习惯，多发现别人的优点，这个习惯有一种神奇的效应，那便是别人的优点将会转移到你的身上来。我的理解是任何人、任何事物都有很多的点，当我们用心去观察后，就会对这些点有个价值判断，我们认为是优点的点是我们内心认同的，之后就会在个人行为中体现出来；当然也有一些点是缺点，是污点。所以说，要多发现优点，把注意力集中在优点上。这两个好习惯，所有的孩子都值得拥有！

很感谢能有这样一次学习的机会，希望日后有更多的学习机会，定期地洗礼思想、补充能量、焕发热情！

读《正面管教》有感

　　来自美国的正面管教高级讲师英洛老师访问学校后，全校范围内掀起了学习正面管教课程的热潮。在参加培训的同时，结合阅读书籍，能对正面管教有更深入的了解，也更容易掌握这种管教方法。我选取了其中最有代表性的一本《正面管教》来读，它由美国杰出的心理学家、教育学博士简·尼尔森所著，其英文名字为 *Positive Discipline*，直译为"积极的纪律"。书中指出："正面管教是一种既不惩罚也不娇纵的管教孩子的方法。孩子只有在一种和善而坚定的气氛中，才能培养出自律、责任感、合作以及自己解决问题的能力，才能学会他们受益终生的社会技能和生活技能，才能取得良好的学业成绩。"如何运用正面管教的方法使孩子获得这种技能，就是这本书的主要内容。

　　书中提到了有效管教的四个标准：

　　1. 是否和善与坚定并行？（对孩子尊重和鼓励）

　　2. 是否有助于孩子感受到归属感和价值感？（心灵纽带）

　　3. 是否长期有效？（惩罚在短期有效，但有长期的负面效果）

　　4. 是否能交给孩子有价值的社会技能和生活技能，培养孩子的良好品格？（尊重他人、关心他人、善于解决问题、敢于承担责任、乐于奉献、愿意合作）

　　正面管教以相互尊重和合作为基础。正面管教把和善与坚定融合为一体，并以此为基石，在孩子自我控制的基础上，培养孩子的各项生活技能。这就要求我们要牢记一句话："感觉好才能做得好。"把尊重和理解放在首位，和孩子建立良好的连接，要正确解读孩子不良行为背后的信息，孩子是想寻求过度关注，还是寻求权利，抑或为了报复，甚至是自暴自弃。当一个孩子行为不当时，要把这一错误行为看成一个密码，并且问你自己："孩子真正想要告诉我的是什么呢？"要践行有效管教的四个标准，最终赢得孩子和我们的合作，并让孩子学会关注解决问题。

　　带着这样的理念，我去处理工作中有关孩子的问题。一天，一位家长打电话给我，她说孩子从周五放学后一直玩到周日下午，作业一个字也没有动，气到要使用暴力了。我告诉这位妈妈，尝试使用这样的方式跟孩子对话："妈妈知道周一到周五每天都有很多的功课，所以到了周末你很想尽情地玩耍放松。但是作为一个负责任的孩子，要怎样对待自己的作业呢？"几分钟之后，这位妈妈给我留言，说孩子已经收好了各种玩具车，但是提出了要求："我想睡个午觉，休息好了再写作业。"从回答来看，这个小孩已经开始关注解决问题了，他没有马上说去写作业，但是至少已经收好了玩具。我们又商量着这样回答："那你自己来安排吧，妈妈相信你休息好了会认真按时完成作业的。"果然这个孩子信守诺言，起床后就自主完成了作业。这是一个成功的例子。在后来使用的过程中，也并不是每一次都有好的结果，有时候也会感到沮丧与困难，但我总是会用英洛老师的一句话来鼓励自己："不是正面管教本身有问题，而是孩子可能还没有习惯这样一种方式。"现在遇到问题时的心情与学习正面管教之前大有不同，现在比以前更能冷静、从容地面对了。

　　正面管教的方法不仅有助于构建和谐的亲子关系，培养孩子良好的行为品质，而且有助于班级管理。比如班会，比如选择轮的使用。作为一位小学德育工作的管理者，我遇到过这样一些困扰。低年级的孩子自控力能力弱，喜欢课间在教室里、走廊内奔跑打闹，发出相当大的噪音，并且一不小心就有可能撞倒同学或者自己摔掉门牙，接下来要处理的是有老师投诉噪音太大，没法办公，或者是家校纠纷，孩子受伤了，家长要求索赔，等等，处理这些事情会占用很多正常的教育教学时间。学了正面管教之后，我们在班会上讨论，各班根据各自的讨论结果制作选择轮贴在教室的墙上，在很大程度上减少了吵闹奔跑的现象。"静校小先生"看到课间不文明的现象，除了提醒轻声慢步之外，还可以提醒同学回到班级看选择轮，自己选择一种可以接受的方式去玩耍，既不打扰别人，也让自己得到良好的放松与休息。在利用正面管教静校的过程中，也并不是每个班都使用得很顺利，即使同一个班级不同的时段也有不同的状况。我想我们要做的是更多地了解正面管教，除了使用一种工具外，还要使用其他的正面管教工具，和善而坚定地做下去。

　　正面管教对于如何处好夫妻关系、婆媳关系也大有裨益。有一段时期，婆婆整日整夜地追电视连续剧，有时候还把电视搬到餐桌上看或者抱着几个月大的宝宝看，我对此感到非常心烦。我用正面管教的方法告诉自己，关注自己当下的感觉，去寻找行为背后的信念。对照错误目的表，发现婆婆是寻求过度关注。回忆一下家中的情况，各种家务活有能干的阿姨打理，婆婆讲方言，大家沟通不了，不能有太多的交流。由于语言不通，她也没有出去社交，她是感到寂寞无聊了，所以本能地寻求关注。按照这个方式，我们试着给婆婆安排一些她能做的事情，尽管这个事情有时候是多余的，我们也尽量多陪她活动，建立了良好的连接之后，慢慢渗透"看太多的连续剧影响睡眠，对身体不好"的观念，她也乐意接受了。

感谢《正面管教》一书的作者，让我重新审视自己的生活，让我们用良好的方法去获得安全感、归属感、价值感、幸福感。

正面管教这位"新老师"

正面管教对我来说意味着生活中多了一位"好老师"，她教我从容地应对生活中出现的各类与人交往产生的问题，如师生、亲子、婆媳、夫妻、同事、妯娌、姑嫂关系等。

参加完培训课程后，我马上就开始应用在生活中了，回到家里，我跟家里的阿姨说："我发现你今天做的饭菜很好吃，谢谢你在我不在家的时候这么尽心尽力地照顾宝宝，相信你会做得更好！"阿姨听了心情很舒畅，我们之间良好的连接使我们合作得更好！有一天早上带宝宝出去买菜，楼下玻璃门被两个三岁左右的孩子堵住，他们的妈妈使劲大吼："让开！让开！"他们反而堵得更狠。显然，他们在把门当成超级大玩具。我只是优雅地摁了一下开门锁，微笑着说："你们是想自己帮阿姨把门打开还是阿姨自己推开呢？"他们笑嘻嘻地迅速把门打开了，其中一个小男孩还立在门边，像小小门卫，他的妈妈又开始吼："你干吗？走开！"我对着他说："谢谢你帮阿姨和弟弟开门。谢谢你哦。"他笑了，他其实是想体验一下当一次门卫，我猜想。我真想让那位妈妈也一起来学习正面管教。

正面管教的理论源于阿德勒心理学，其理论核心有一句话是"每个人都有相同的追求卓越的最终目标"，基于这一点，我们可以适当地引导孩子去追求对社会有益的卓越，既不惩罚也不奖励。个体如何追求卓越，取决于自己独特的环境，不同的生活方式会发展出不同的行为特征和习惯，即所谓的生活风格。生活风格的发展和自卑感有密切关系。如果一个儿童有某种生理缺陷或主观上的自卑感，那么他的生活风格将倾向于补偿或过度补偿那种缺陷或自卑感。例如，身体瘦弱的儿童可能会有强烈的愿望去增强体质，因而会锻炼身体、跑步、举重，这些愿望和行为便成为他生活风格的一部分。生活风格决定了我们对生活的态度，形成了我们的行为模式。我上网查阅了一些关于阿德勒理论的资料，虽然正在阅读《超越自卑》这本书，自己感觉还没有深刻理解，希望通过进一步的学习和在接下来的实践中有所超越。

上方卡检测活动给了我很多启发，我的上方卡是优越型（狮子）。积极主动、自信好学、有责任心、目标明确是我的优点，比如在参加培训的过程中，我会积极主动地参与体验活动，为的就是学习得更好，然后有能力去执行。追求完美常常让自己感觉压力大，有时候也难以看到自己的问题，甚至在写下这段话的时候，我依然觉得没有什么弱点会影响我，但恰恰这就是弱点。它可能会让与我一起合作的人感到压力，感到有点跟不上步伐。考虑到自身的优势和劣势，我认为自己要保持积极主动、自信好学的优点，然后多看书，在工作中不断修炼自己，让自己变得更加宽容、有耐心，并且允许不完美存在，让自己更好地成长。

在老师帮助老师的活动中，我的体验很深。最初我作为志愿者参与了老师组织的这项活动，通过体验，我清晰地梳理了我在教学中遇到的问题，并且得到了很多关于解决方式的建议，我深深地感受到了这种活动的意义之大。在后来的小组实操中，我作为组织者来带领这样的活动，因为一些关键性的引导话语不太熟练而影响了进程。我当时就想，能否编一个框架出来，关键性的话语都在，带领者一套用马上就可以上手，可是英洛老师一再强调，凭自己的感觉去做，不用追求理想中的高效完美，good enough is good enough. 英洛老师或许是有道理的，有了框架就会变得死板，基本的理念掌握了，至于怎么运用语言来引导可以有每个人的风格，多练习几次自然就熟练了。在练习的过程中，还遇到一个问题，就是头脑风暴出来的点子有可能一条都不能解决志愿者提出的问题，这个不是问题，THT的方式不是一定要解决问题，而是大家通过这样一种方式来沟通、交流、合作，这个过程更重要。

如果我将来成为一位正面管教的讲师，意味着我不仅要把正面管教这种好的工具教给别人，还要从自身做起，在生活与工作中良好地运用，让自己本身成为一种正面管教。这便是"带领"，具有更深远的意义；而"教"只是简单地把这种工具讲述给他人听，是浅层次的，好的老师应该是"她说出来的话和她活出来的状态是高度一致的"。

有效表达期待
——读《关键冲突》有感

这是一本教会我们怎样与人沟通自己意愿的书，书中的"关键冲突"主要指的是我们对他人的不满和我们想要表达的期待。那么，怎样有效表达期待呢？

第一次在"樊登读书会"听完《关键冲突》之后，我觉得我好像学到了很多，原来关键冲突是这么处理的。后来我又追问了自己一个问题：如果让你来说一说，关键冲突到底怎么处理呢？我发现我有点说不清楚，只不过在脑子里留下一些"关键词"而已，比如"不要推理""动机分析""能力分析"等。原来听完一遍我并没有收获多少。

于是我又听了第二次，发现比第一次听得还难、还复杂，因为我有点更加说不清楚了，真是把书"越听越厚"了。于是我上网看书评、看电子书，连续三四天都在追问最初的发问，直到画出一张思维导图，才发现思路清晰了。由此也得到一个启示：听书读书最后还要能说书，这样才算学到了点什么。

我提炼了四个"关键"——关键分析、关键应对（书名的直译应该叫这个名）、关键计划、关键词句。

要有效表达我们的期待，首先要做"关键分析"，要基于事实分析，不能主观推理；要找准核心问题，一般可以用CPR的方法，即第一次谈事实（Content）、第二次谈模式（Pattern）、第三次谈关系（Relationship）。分析的过程可以从自我、他人、外部环境三个角度来看动机与能力。

举例（以下例子转自简书　作者斯斯基）：

书里有个例子，某地产经纪不满前台经常迟到。他多次批评前台，对方屡教不改。往往地产经纪批评一次，前台准时几天，不久故态复萌。容易看到，问题不在于"迟到"，而在于前台不遵守公司制度、不信守承诺。再深挖，前台敢于不遵守制度，也许正是因为没有"后果"：前台是地产经纪的邻居，他们所在区社群关系紧密，地产经纪不至于因为迟到解雇她。

关键应对：

前台第一次迟到时："你今天迟到了半小时，违反了工作时间的制度，希望下次注意。"

再次迟到时："这是第二次迟到了，你上次答应不会再犯，我担心这种情况还会出现。你能保证信守承诺吗？"

继续迟到时："我不想总是说同样的问题，我不喜欢这样。更糟糕的是，我感到不能像以前那样信任你了。这件事已影响我们的关系，真的要这样下去吗？"

这样分析之后，情绪也冷静了，就可以开始"关键应对"了。应对要讲安全，遵循四坚持（平等尊重、共同目的、真相出发、对比说明）、三忌讳（不兜圈子、不打哑谜、不透过他人）的原则，在安全氛围内开始对话。采用BIC方式，以描述事实（Behavior）开场，接着描述差异（Impact），最后以问题结尾（Consequence）。（这里有一些关键句型使用，导图略）

在对话的过程中，可能会出现新问题，要灵活关注，处理完新问题后回到老问题，即最初的核心问题。在对话的过程中，对于新老问题都要进行动机与能力维度的考虑，促成新动机的一个方法是帮助对方分析预期损失与预期利益的大小关系，人们往往都愿意"趋利避害"。如果是能力上有困难就要简化问题任务的难度，给予合适的帮助。

对话的目标是有效表达期待，实现期待，所以最后一步还要一起约定"关键计划"，要列出谁在具体的时间内执行具体的任务，并且做好跟踪。

以上精髓主要适用于我们与他们有效表达期待。如果遇上"打上门"来的怎么办呢？要读读姐妹篇《关键对话》。我们中国古代的儒家思想"打过去、打过来"也同样适用——内心感受要真诚、对方期许要考虑、社会规则要遵守。

中国文化此时的特点是抽象，因为抽象精练，所以放的范围广，但是使用的时候要经历人事后方能"悟得一二"。西方文化此时表现的是具体化、工具化，即使没有经历沧桑，也可套用去解决一些问题，用多了就熟练了。若两种文化结合，所向披靡！

真正用到生活中的时候还会受习惯语言系统与思维方式的限制，这是个挑战。就跟从来不说"我爱你"的人要对老母亲说"我爱你"一样，是不是有点难为情？这里又要提到儒家思想"内心感受要真诚"，孔子一直强调"真诚"，人只要在"真诚"的情况下，没有了虚伪，自然就少了"难为情"。

行知——我的另一所大学

今年已经是我来行知的第十个年头了。

我的家乡是湖南的一个美丽的小山村，那里四季分明、风景如画，春天山花烂漫、夏季溪水清澈、秋日黄叶满地、冬天白雪纷飞，我就在那里长大，接受着大自然最原始的滋养与熏陶。

小时候每当夕阳西下的时候，我看着山那边的一轮火球，就生出一个梦想：长大后要到山的那边去看看。上大学我来到了繁华的城市，城乡之别导致我陷入迷茫，甚至不知将来我会在何方以何种方式造就自己的命运，实现我的人生价值。

行知是真正改变我的地方。2007年，我来到可爱的行知小学。还记得报到的第一天，我背着小背包，跨过校门、穿过大堂，来到了雅致的行知校园，我一下子就被这里的书香人文气息吸引了。我闭上眼睛，深深地吸了一口气，我当时就感觉这里就是适合我的地方，我一定会在这里快乐地成长与工作。学校分配我教三个班级的英语，同时兼任一个班级的班主任，我很满足，工作也很自然。可是即使是努力工作，也依然头痛脚痛，完全不似当初幻想的那般"美丽"。

记得刚来行知的时候，我会为吵闹的课堂而烦恼、会为不合要求的校园文化栏板而心焦、会为第二天的公开课而失眠。特别是多项工作需要同时进行的时候，我几乎是束手无策，忧愁不已，甚至怀疑自己的能力。我心里很明白，我没有经验，才智不如其他优秀老师，但我来自大山，有着坚强的意志，我可以持续不断地努力。我暗暗对自己说："做事一定要勤奋。工作上要舍得花时间、花精力。遇到困难不灰心、不抱怨。"幸运的是在我艰难爬行的日子里，拥有了来自领导、同事和家长们的勉励与赞赏，这些都将是我心中永远的感动和风景。失意之时得到大家的宽容、鼓励，我内心的震撼和感激无以言表，唯有更加脚踏实地地工作，从一点一滴的努力做起，一段时间之后，工作自然开始变得特别有意思。

　　都说人的潜力是无限的，但我以前并不知道自己有什么样的潜力、有多大的潜力。2007年11月，通过认真准备，我获得了学校举办的"走在行知路上"首届青年教师演讲比赛一等奖，收获了很多久违的掌声与赞许。在我的家乡，有很多人包括我自己都觉得我很优秀；可老实说，来到深圳这个大都市后，优秀的人很多，很多事情我都很认真地对待，但是怎么也赶不上别人。这一次小小的成功，我像是重新找回了真正的自我，发现了自己的潜力所在。

　　我很庆幸工作三个月就找到了属于我的状态，证明了我可以通过坚持不懈的努力取得好的成绩。在后来的国旗下讲话和各种演讲中，我都极好地发挥了我的水平。在我的心中，话筒是神圣的、演讲的感觉是美妙的，所以我很珍惜每一次机会。我买来播音与主持方面的书籍学习，模仿电视台大型晚会主持人说话。后来，学校很多重要的场合和活动，如开学典礼、毕业典礼、每周国旗下讲话等都由我来协调和主持，我也越来越自信。2009年，我开始接手学校的德育管理工作，我渐渐地学会了统筹安排，学会了先抓重点。一时之间，上课、开会、活动策划、接待等，有时候几件事情凑在一起，我也不会措手不及，因为我们满校长说过，"工作要学会弹钢琴"。我对这句话的理解是，要做有谱的事，不用慌，节奏可快不可乱，用心去弹，总会获得乐在其中的效果。

我的成长还得益于刚来学校时与高阳主任搭班。她是一位很有魅力的老师，小孩子一看到她就很乖，然后很高兴地做好准备听她讲话。我特别羡慕，梦想有一天也成为这么有魅力的老师。于是，我仔细观察和学习她与小孩沟通的方法。要上公开课了，她不是对他们说："明天第几节要上公开课，有很多老师要来听，你们要表现好啊。"而是说："孩子们，有个好消息要告诉你们，明天终于有机会在很多老师面前展示我们的才华了。"当时我们班上有个男孩，很聪明，但很爱讲小话。有一天，我在校园广播站里听到了他清脆的播音，他一回教室，我就祝贺他，并鼓励他以后要注重自己的言行，因为校园广播员也是个校园明星啊。就这样，他一连好几天都表现得特别好。为此，高主任夸我很机灵，说我很适合做班主任。

校长见我喜欢学习，也给我推荐了一系列非常好的书。我如获至宝，后来很多管理的方法，都是从这些书上学到的。书看得多了，对于有些书我有了自己的判断和独特想法，我把我的感受和不同观点写成了文字，选了几篇也向那些教育类刊物投稿，接着我的文章被刊登出来，虽然我已经不像最初那样欣喜不已——进入状态后的我只关注工作和学习，各种掌声和奖励就好像是"副产品"一样来得轻松和自然，但每次给我的奖励，我都认为它既属于我，也属于行知。我发自内心感谢行知小学，感谢领导、同事的引导和支持。

也有人问我累不累，其实，人在努力把工作做好的时候、在开拓进取的时候，总是累的，可我累得幸福，我在这里找到了自信、找到了梦想。来到行知小学，我感到自己犹如获得了新生一样迅速地成长，行知就像是我人生的另一个大学校园。在这里，我学会了教书，我带着孩子们朝着梦想的方向飞翔；我学会了管理，感受到了行知学校里无限的智慧和团结的力量；我学会了自我提升，我看到自己迅速成长的现在和梦想中的将来；也学会了感恩，我甚至感谢这些年那些棘手的工作和所有的忧愁，它们考验了我、成就了我。

在第九个年头的时候，我给自己做了一个成长的总结，在行知的成长有两方面：一方面是显性的成长，从普通的大学毕业生到老师到辅导员到副主任再到主任，是自身职务的提升；另一方面是隐性的成长，是自我能力的提升，是更成熟、更自信。我更喜欢和享受这种隐性的成长，它是伴随我生命的，是真正的幸福感。

我热爱孩子、热爱教育、热爱行知，行知是我的另外一所大学、另外一个家，如果可以的话，我希望一辈子留在行知。

（此文在2017年"中陶会生命教育专业委员会第三期生命教育骨干教师培训"大会上做主题宣读）

走进科研
——听刘同舫教授讲座

一、常识与理论

1. 为什么要将常识上升为理论

首先，理论有解释功能。譬如，什么是美？其次，理论可以规范和拔高我们的所思、所想。为什么要读硕士？不仅仅是为一纸文凭，更重要的是通过这个过程提高自己的水平，使自己的工作得到承认，更好地发挥个人价值，从而得到人生的幸福。最后，理论具有批判功能，让人具有独立思考的能力和创造力，不至于人云亦云。

2. 怎样将常识上升为理论

寻找理论根源，通晓各派理论的历史和成就。

二、知识与能力

1. 渴求学习知识

知识是有分类和层次的，知识很重要。

有一句话叫"仆人眼里无英雄"，是因为仆人不了解英雄是什么，他们的知识水平没有上升到这个高度。比如，同样是过中秋节，一般人只能表达"月亮真圆啊"这样的感叹，再也不能说出比这更多的话了，而有人却格调高雅，能够说出"海上生明月，天涯共此时"这样优美的诗句。所以，要不断地渴求学习知识。

2. 激活背景知识，强化自身能力

佛与石阶的对话：

石阶：为什么你我同样都是石头，而你被朝拜，我却被千万人踩在脚下呢？

佛：是的，我们都是石头。但是，你只是粗略加工就被铺在路上了，而我却是被精心雕刻才放置在此的。

能力的获得不是一朝一夕的事情，需要付出精力与时间，要在合适的氛围中得到熏陶，要"像拥抱新娘一样拥抱寂寞"。

三、为学与为人

大气、正气、勇气。

四、学术素养

（1）平常心。

（2）忙别人之所闲，闲别人之所忙。

（3）要"实"：态度要现实，学习要踏实，精神要充实。

五、学术论文写作的注意事项

1. 选题要有问题意识

没有问题就是最大的问题；生活并不缺少问题，而是缺少发现问题的眼睛。

2. 材料收集与思路整理

资料收集得越饱满，思路越广阔。

3. 写作技巧

（1）结构：说话不要带很多枝叶，切忌想说什么就说什么，文章要有结构。

（2）语言：用精简、干净的语言，围绕主题说话。

（3）注释：硕士毕业论文至少要有30条参考文献，但是参考的文献要有意义。

《第56号教室的奇迹》读后感

　　《第56号教室的奇迹》用通俗易懂且有趣的文字阐述了合理的教育理念，全面详细地阐述了雷夫的教育思想、教育方法和有效行动。雷夫倡导"没有害怕的教育"和彼此信任，他反复强调知识本身就是最好的奖品。他运用了"道德发展六阶段"理论：我不想惹麻烦—我想要奖赏—我取悦某人—我要遵守准则—我能体贴别人—我有自己的行为准则并奉行不悖。这六个阶段都注重发挥学生的主观能动性，提倡孩子自我教育。他在教学中，培养孩子终身阅读的习惯，注重写作的培养，并在游戏中学习数学；他让学生热爱地理和历史、和学生做实验、培养学生的音乐和美术修养、让学生热爱运动、让学生学会管理自己的财务。所有这些，看似和普通老师没什么两样，但在每项教育活动中，都充满了雷夫的智慧和激情。学生和他在一起时快乐无忧，每项学习学生都投入极大的热情，尤其是演莎士比亚的戏剧和旅行两项活动，更让学生全情地投入和无限地热爱。

　　雷夫也是在标准化测试的大环境中从事教育教学工作的，但他做到了"另辟蹊径"，既实现了"终身性"教育，也没有影响应试的效果。引起我心灵震撼的还有雷夫的自省和不断思考的态度。曾经他自认为自己的科学课上得很完美，并让他的继女来欣赏。女儿一句"将来没有一个学生会成为科学家或从事研究工作"，使雷夫陷入了思考。他没有故步自封，而是沉下心来寻找问题，最终找到原因，改变方法，才会使后来的学生中不断地有科学家或医生等科研工作者出现。

因为对工作的爱与专注，才会"头发着火了"也不自知；因为对孩子的爱，才会不自觉地要对孩子进行终身有益的教育。只有爱自己选择的职业，才会让自己的人生快乐而阳光；只有我们教育者充满了爱，才能"让孩子变成爱学习的天使"！

在本书中，我看到了雷夫老师点点滴滴有益的做法，也看到在他的眼里学生都是可爱的天使，更看到了他的一切努力都是为了让这些天使变得爱学习、会学习。雷夫老师为什么能做得这么好，能让自己的教育教学行为产生最生动的、最大化的、最被大家所认同的效益？从本质上来看，这是因为他有爱心，有一颗热爱儿童的心，他是真正把自己的学生放在心上。雷夫对孩子的爱，在书中随处可找。爱是教育的根本。教师的教育教学水平有高低，但是教师对学生的爱心不能有高低。没有爱，便没有教育。老师心里装着学生，学生心里会加倍装着老师。就如我们平时老师之间调侃的"说学生爱听的、穿学生爱看的、做学生来劲的"，在愉快的合作中把学生要掌握的知识、做人的道理融入他们的思想。

做好政协委员新认知

高铁呼啸南下，要见到三岁小儿的心飞翔的速度比高铁还要快上几百甚至上千倍。现代女人兼顾事业和家庭的不二法门是"两手抓，两手都要硬"和"多付出"！

火车在飞驰，而我的脚步是停止的，我的心是静谧的，我享受这样的时光。政协"适应新常态，服务新发展"的学习让我成长的步伐又向前迈进了一步：我对政治协商与民主监督的途径和形式、社会转型期社会保障面临的机遇与挑战有了进一步了解；对如何提出优质提案有了新的认识；对党的十九大精神有了更深入的学习；党的五大会议召开旧址和八七会议会址纪念馆等爱国主义教育基地的参观，激起我作为一名中国人、一名政协委员的责任心；委员同学们热爱学习的精神、阳光积极的心态、谦和有礼的姿态更是值得尊重和学习；带队领导和工作人员的温暖关怀与细致安排让整个学习过程在愉快中有所收获。

如何做政协委员？如何做好政协委员？

新的认知一条接着一条植入我的思维：

1. 有为才能有位。

2. 协商不是去吵架，协商是愉快地沟通。任何的沉默都创造距离，愉快沟通的基础是要说真话，说真话的源头是调查真情，调查真情的前提是知识宽广，舍得下功夫。

3. 知识不完整、信息不正确，看问题就会狭隘。政协委员要读万卷书，勤于思考；行万里路，深入生活。不做社会生活的过客，停停以思索，静静出产品。

4. 一个政党最怕什么？最怕不知道人民的需求。怎么了解人民的需求呢？读好社会这本书，走好人民这条路。迈开腿、竖起耳、张开嘴——从群众中来，到群众中去。

5. 最高的爱是什么？是爱着你的爱！了解人民需求，不是给我所好，而是给你所要。

6. 我们要全面建设的小康社会任重而道远，是"人人小康而非人均小康"，是"全面小康并非GDP小康"。

7. 认真履职，不虚占席位，任何的不表态就是"不负责""不作为"。

8. "不忘初心，牢记使命"，我们的"初心"是要为中国人民谋幸福。火车到站，而做好政协委员，认真履职的列车，永远在路上。

REFLECTION ON
THE PHILOSOPHY OF LIFE

小谈我们的教育现实

2011年7月10日，我开启了教育硕士的攻读旅程。第一天的《教育学原理》课上，老师提出一个问题：我们的教育现实是什么呢？

大家各抒己见，大都表达我们的教育现实是大家处于迷惘状态，不知道培养什么样的人才，以及要怎样培养人才才是科学的方式。或者知道某种方式和方向很合理，可是在某些方面迫于考试制度的压力，我们无能为力，只能暂时先培养能考试的人才。

我们何不换一种视角来看考试呢？

很多人应该感谢考试，比如今天在座的各位。如果没有去年10月的这场考试，我们怎么能坐在这里上课呢？当然也可以有其他的方法，如导师面试、校长推荐、业绩成果考核、报名先后……但显然，这些方式目前时机还不够成熟。

我们觉得考试难，是因为要考好，一定要考重点大学。而现实的情况是学生因为个体差异的存在，不能人人考重点。那么教育者是不是可以真正把这个因素考虑进来，帮助孩子找到他们的特长、潜力所在，树立适合他们的理想呢？擅长考试的考重点大学，不擅长的考职业学校，将来当一个出色的面包师或者专业的保洁工人也未尝不是一个好的理想。

当然，我们的领导者有被评估的压力，高考成绩上不来，就不是好学校，就没有信誉和口碑。

　　我们是否可以坚守这样一个教育理想：这个学校里的学生都热爱生活、团结进取，虽然成绩不能一流，但是将来都愿意在自己的工作岗位上尽职尽责，享受职业带来的快乐与成就。

活力篇
——2013年"走在行知路上"青年教师演讲比赛

左：观众朋友们，大家好，我是活力酶。

君：父老乡亲们，大家好，我是活力钛。

合：活力酶、活力钛，合在一起人人爱！

君：哎？活力？那我们应该动起来啊。

左：怎么动起来呢？

君：像王立、温彬还有一些老师刚刚那样"穷开心"，动起来，那才是"活力四射"呢！

左：是啊，就算不动起来，是不是也应该打扮得更前卫一点、更时尚一点？

君：动起来是一种活力，前卫的打扮是一种活力，年轻也是一种活力。但是，还有一种更持久的活力——我们的思想。没有人能定格时间的流逝，没有人能停止岁月之轮的转动。当我们跳不动的时候、当我们不再适合前卫打扮的时候、当我们青春逝去的时候，我们如何展示我们的活力呢？我想，那便是我们的思想。你看，那些世纪老人，比如冰心、季羡林、钱学森等，他们在耄耋之年，思想依然熠熠生辉。

左：让自己的思想有活力，它可以跨越地域的限制，可以抵挡岁月的摧残，让你何时何地都有活力。如果说青春是与生俱来的，那么思想则是后天修炼的。修炼思想，有人说读万卷书不如行万里路，行万里路不如阅人无数。读书、行路、阅人都是我们累积思想的途径，但对于一个普通人来讲，我们不是旅行家，无法行万里路；我们不是新闻采访人，阅人无数很难。我们确确实实能做的便是读万卷书，读雷夫，"不用教材，课堂可以很生动"；读苏霍姆林斯基，"备一堂课时间可以很短，半小时，但也可以很长，一生"；读稻盛和夫，"你的理想一定能实现"；读陶行知，"向着创造之路迈进吧"！书中自有颜如玉，书中自有黄金屋，书中自有活力来。

　　合：原来真正的活力，来自你的思想，源于你的梦想。

教途随想

第一年　初为人师

9月，我走进行知的校园。美丽的花圃、雅致的校舍、孩子们天真可爱的身影和老师们亲切友善的面容，让我一下子喜欢上了这里。

最初走上讲台，我总按捺不住内心的欣喜、兴奋或者说紧张。我总会为课堂的细节想很多，想要是怎样做就完美了。当一个教学任务来临时，我会一直不断地思索这个问题，把它与生活中的其他可以联系的事物关联起来，试图得到启发。有时候，我会在半夜坐起来，记下一点灵感，然后再慢慢睡去。似乎只有这样的紧张，才是让我的心灵获得安宁的唯一方式。"更努力些是为了让自己活得踏实。"

我总渴望向来看和来听公开课的人展示一个最完美的课堂，好像只有这样，才对得起家长、对得起学生、对得起来听课的老师们，也对得起我内心需要的宁静。然而，无论我多么精心地准备与练习，每次走上讲台，我都觉得不够精彩、不够完美，我会想起刚刚还有什么没有做，刚刚如果怎样处理又会更好。

面对孩子，我也是忧虑重重。批评时，我害怕他会因此情绪低落，一蹶不振；而表扬过后，我又担心，刚刚是不是夸奖过度了，孩子会不会因此而飘飘然呢？面对基础差的孩子，当他迟迟不能够进步时，我更是为他着急、为他担忧、为他思量，怎样才能使他掌握有效的学习方式？怎样才能开发他最大的潜能？怎样才能让他跟上全班的步伐？

就在这样的紧张中，我度过了大半年。一种振奋人心的情绪，连同深藏在心底的最初的梦想，使我时常想要呐喊：我要成为一个好老师！我要把我的学生教育好！我要让家长和孩子们都喜欢我！

第二年 渐行渐悟

教学是愉悦和苦恼并存的过程。每当教学有了新的进展和发现时，我便兴奋不已，但没过多久又被自己否定了。我想，教师除了具有饱满的精神情感和思想，以及独特的生命体验之外，还需要理性的判断与自我否定。自我否定是需要极大勇气的，如果时时能用陌生的眼光来看待世界和自己是十分可贵的，这也是教师创造性的原动力。

以前，在教学过程中经过很多次失败之后的沮丧也使我一度陷入苦恼之中。有时活泼的风格却带来课堂混乱，有时是平淡的设计让课堂索然无味，有时是新颖的设计且学生兴趣浓厚却不能达到知识深度上的目标，这时我就特别羡慕那些经验丰富的老教师，他们用自己的一套引导不同年级、不同班级的学生学习不同的知识。后来在一本书里读到"探求才能带来生机"，这句话给我带来很大的启迪，使我坦然了许多，以后我也常用这句话来提醒自己，不再刻意去强调什么个人风格，使自己沉静下来，潜心教学。

在教学研讨会上，也常有人提起教学风格的问题。初为人师者最想搞清楚怎样能尽快形成自己的风格，或热情奔放，或春风化雨，或天真可爱……虽然这是一个老问题，但这的确是每位教师所必须面对的问题。风格既重要又不重要，说它重要是因为评判一节课时有两点：一是课堂要真情实感地达成目标；二是要有独特的形式语言。而个性化的语言是风格形成的重要组成部分，这恐怕是每位教师都要解决的功课和难题。说它不重要是因为风格并非优秀教师的终极目标，风格不能急于求成，应该是顺其自然地形成，它是优秀教师经过长期的修养积累和技艺锤炼后，自然而然地逐步形成的个人面貌。这种面貌也是相对稳定的面貌，并不能解决教学中的所有问题。优秀的教师是在不断探求中来完善自己的教学水平的，并不能把风格作为教师教学的终极目标，教师需要不断学习、不断完善与突破自我，正所谓"学无止境"。

第三年 镇定前行

两年过去了，我不再整日绷着紧张的弦。孩子们在成长，我也在成长。我渐渐学会了镇定，学会了有条不紊。遇上公开课，即使是明天，我也可以睡着，因为我知道，教学是一门遗憾的艺术，遗憾促使人思考，探求带来生机，正如鲁迅所言"不满的车轮才可以不断前进"；遇上演讲，我也不再害怕，即使没有讲好，我也不会过分自责，我明白，只要一直努力，不好是暂时的，更好是勇者执着等待的优美风景；教育孩子后，我也不再一次又一次地审问自己，我刚刚这样说合不合适？因为我知道，我不可能给孩子呵护式的教育，因为他们将来的路还很长，他们要有对抗艰难险阻的能力，尽管我们的愿望是他们在生活的路上少一些风霜雪雨，但我们现在应该让他们多一些坚韧。

从教三年，我从欣喜到彷徨，再到淡定。我想，教育的路很长，我也更需要一份坚韧与定力。

美国"年度教师"给我的启示

　　有一天，我无意中得到消息说深圳邀请了美国的四位"年度教师"，将于9月26日开展一期"教育论坛"。"年度教师"是美国教师的最高荣誉，美国是培养了很多优秀人才的国度，他们的教师是怎样的？最王牌的教师又是怎样的？我当时就有一种强烈的欲望要去，我想我一定要去亲身感受一番这些教师的风采与魅力、去了解教育界权威的、最前沿的信息，同时也去锻炼一下我的英语听力、克服一下休息日早起的困难，虽然没有票不知道能不能进得去。

　　这四位教师分别是2012年美国"国家教师奖"得主丽贝卡·米沃基、2012年美国罗得岛州"年度教师奖"得主朱莉·利玛·波义耳、2013年美国堪萨斯州"年度教师奖"得主戴安·斯莫克罗维斯基、2007年阿肯色州"年度教师"贾斯汀·埃塞克·明凯，他们都有着卓越的教育追求和突出的专业表现。例如，丽贝卡的教育理念是：坚信老师是孩子心中的明灯与英雄，要一直保持好奇心、信念，要更加勇敢，不仅仅是教给学生考试的东西，更要教给学生这一辈子人生挑战里面你认为他们应该知道的东西。朱莉采用形成性评价的教学策略来促进每名学生的发展。戴安通过基于项目的学习培养学生应该具备的"21世纪技能"。她提出的"21世纪技能"主要包括：学习和创新技能，信息、媒体和技术技能，生活和职业技能。贾斯汀认为学生需要老师点燃他们的一些激情和他们的梦想，去创造新的知识。到2030年的时候，要成功一定要进行创新合作和批判性的思考。他还提出了三个问题和大家一起交流：第一个问题，即使孩子来自最贫穷的家庭，您怎么保证每个孩子都受到良好的教育？第二个问题，如何使孩子梦想成真？第三个问题，我们能够一起做些什么？

不难看出，这四位"年度教师"都非常热爱自己的工作，对教育有着崇高的情怀。这种情怀是一种怎样的情怀呢？就是自觉自动地去做一件事情，如果没有做，心中会觉得有过。一个人做一件事情，只要有了这种情怀，就没有做不好的了。比如一个人要锻炼身体，如果哪天没去锻炼，他就觉得有过，内心煎熬，那他一定坚持得了。这些老师，按照他们自己的理念，如果有件事情没做，他们也会有这样的感受，所以他们会一直不断地开辟、创新、坚持，最后成就了"年度教师"。

"年度教师"给我们什么启示呢？我们来看一看美国"年度教师"评选的相关情况。美国"年度教师奖"，是美国历史最长、声誉最高的教师奖项。每年美国500万教师当中只有一人当选，获奖者会在白宫受到美国总统的接见。再看奖项的评选标准，作为国家"年度教师"的候选人，每一位州"年度教师"都具备乐于奉献、学识丰富、技巧娴熟的特质，并有志于继续从事教学工作。他们要成为国家"年度教师"，还应具备以下四种素质：

1. 能激发所有学生的学习潜力，无论其来自怎样的家庭，拥有怎样的社会背景，也无论其能力水平的高低。

2. 尊重学生、尊重家长、尊重同事，并对他们始终秉持欣赏的态度。

3. 积极参与学校及学校所在社区的各类事务并且发挥重要作用。

4. 沉着冷静，善于表达，面对繁重的日程安排能够做到游刃有余。

这四种素质是有针对性、有实际意义地对一线教师提出的要求，一位教师即使不是"年度教师"也应向这四项看齐，只是达到的程度不一样，基本达到才是合格教师，然后是优秀教师，全部做好了则可能是"年度教师"。这样的提法详细、实在，让教师有标准可循。

在中国，有一句激励教师成长的话："不做教书匠，要做教育家。""教育家"是什么？教育家是指通过亲力亲为的教育实践创造出重大教育业绩，对一定时期、一定范围内的教育思想和实践产生重要影响的优秀教育工作者，是一个用于描述高层次杰出教育人才的概念。谁是教育家？孔子是教育家，陶行知是教育家，苏霍姆林斯基是教育家……教育家具有高远的教育理想、执着的教育追求、渊博的教育知识、鲜明的教育思想、丰富的教育经历、卓有成效的教育实践、广泛深刻的教育影响，其教育贡献为教育界和社会广泛认可，甚至在教育发展史上留下难以磨灭的印记。这个高度很高，它已经远远超出了绝大部分教师的"最近发展区"，别说"跳一跳，摘桃子"，跳多少跳，都摘不到这个桃子。太高远的简直没法实现的目标就等于没有目标，所以也没有多少教师敢打着旗帜说"我要成为教育家"。相比之下，"年度教师"的四种素质提得有针对性，还有指导意义，教师只要朝这些方面去做，就会提高工作的效率，增强工作的幸福感，而树立"我要成为'年度教师'"的目标也非常实际并有望实现。

所以，我认为"不做教书匠，要做教育家"可以说成"不做教书匠，要做'年度教师'"。

生活处处有智慧
——《佐贺的超级阿嬷》读后感

这是我第一次读这本书，尽管我跟许多国人一样一直对日本"产品"有潜意识里的排斥，但这本书还是打动了我，书中的故事让我产生了心灵的共鸣。小的时候，在我的记忆里，家里经济条件并不是太好（但后来听姐姐说在当时算是好人家了），但是我的母亲很会生活，所以我和哥哥、姐姐都接受了良好的、需要付费的文化教育。对比《佐贺的超级阿嬷》想想，正是母亲当年那些优秀的品质影响着我们、支持着我们一直往前走。

《佐贺的超级阿嬷》是日本喜剧艺人岛田洋七回忆童年生活的自传体小说。广岛原子弹爆炸后，父亲只身"回广岛看看"，却因受核辐射而死。在战后日本物质匮乏的日子里，因为无力抚养，母亲只好将年仅8岁的昭广寄养到佐贺乡下的外婆家，没想到迎接昭广的却是一间破烂的茅草屋和穷苦的生活。在那些物质匮乏的日子里，虽然生活极度艰苦，乐观的外婆却总有神奇的办法，让艰苦的生活快乐地过下去，家里也始终洋溢着温暖与笑声。在佐贺乡下居住的八年时光里，外婆除了把昭广抚养长大，教给他的还有许多许多……

岛田洋七用最单纯的文字描述他的阿嬷，而描述的却是最难描述的平凡。书中随处可见阿嬷随口甩出的家常"警句"："晚上别提伤心事。难过的事留到白天再说，也就不算什么了。""做有钱人很辛苦，要吃好东西，要去旅行，忙死了。""穷人习惯穿着脏衣服，淋了雨，坐在地上，摔跤也无所谓。"……这些随处可见的"外婆名言"与字里行间流露出的祖孙间的真挚情感，让无数读者为之热泪盈眶。小的时候，我也时常羡慕邻居小孩过年总有新衣服穿，很神气地出去拜年；过年总能买烟花，握在手里，仰望天空那些绚烂的花朵，仿佛自己怒放的心花。可母亲总说："穿旧衣服的孩子更聪明，你看你学习那么好。""站在一边静静地看烟花更有趣，因为你可以找到最合适的位置看。"这些话不仅仅是母亲对自己生活的一种乐观积极心态的体现，也是驱赶我们内心因贫困而自卑与难受的一道亮光。儿时的我，真的相信穿旧衣服就会拥有比别人更多的智慧。母亲那些话语，鼓励着我勇敢地穿上旧衣服，直面生活的各种困苦。

今天，这种穿旧衣服的生活智慧给予我的是另一重境界，让我在遇到困难的时候，总能从困难里找到光明，然后积极地面对。有一段时间，我隔几个月就被迫搬家一次，我就想，这样我就可以体验不同小区的人情风味，这可是文艺人士花钱都要找的生活啊。有一次住的一个房子，卫生搞得很干净了，可还是赶不走那些成群结队的蟑螂，于是，每晚下班回去，"打蟑螂"成了我的一项体育运动。还有一段时间，写毕业论文，迎接一个学校的重要评估，独自照顾一个亲戚家10岁大的孩子，全部都很重要，全部都挤在一起，我感觉自己真的快要喘不过气了。我就想，这绝对是一个机会，如果我同时把这几件重要的事情"摆平"了，那我的生活和工作的能力便会更上一层楼。生活从来不缺少问题，似乎我们的人生就是解决问题的，如果有一天做到了"享受解决问题"的过程，那一定是一种极好的境界。

励志教育中最耳熟能详鼓舞人面对生活苦难的一句话是："天将降大任于斯人也，必先苦其心志，劳其筋骨……"可我们又时常通过各种媒体听说有青少年离家出走；会有人因为受不了外界的种种物质享受而不顾家境也要得到满足，甚至铤而走险，走上犯罪的道路……种种现象的出现，也让我们感慨教育的"无力"。这本书也给予我们一个思考教育的视角，励志教育要有从"大处着眼"的高度，也要有从"小处着手"的扎实。励志教育要与生活相结合。成功人士的抗挫品质是鼓励青少年追求的理想动力，生活中有很多平凡人，如我的母亲、书中的阿嬷，还有很多普普通通的人，他们身上拥有的耐挫智慧也温润有力、生动有趣，能给美好生活带来持续动力。

如今的物质生活已很丰富，我们不需要面对"穿着摔跤也不怕弄脏衣服"和"让人更聪明的旧衣服"这种窘况，但我们依然需要这种生活的智慧去面对和解决生活中那些时常"出没"的艰难困苦，依然需要一颗乐观积极的心去迎接生活赋予我们的一切，让自己在遭遇窘境时也活得从容有趣。

我爱这片海

——致行知小学全体英语老师

一

将大海放在心中

不要告诉我如何去大海

不要告诉我海那边的荒诞

我不一定知道高山

但我知道这片海

见过彼岸的花和四季

见过它的好与不好

正如我见过我们的好与不足

我感觉到大海

就像自己的呼吸

我听见的大海

它唤醒我内心的声音

二

我爱这片海

将大海藏在心中

不要告诉我大海在哪里

阵阵海浪

我心潮澎湃

它在我血液中涌动

在我的思想里放肆歌唱

在我灵魂深处沉默

在我眼眶中汹涌

三

我爱这片海

它就在我的心中

在清晨的薄雾中

眺望出温润的太阳

我们赞美爱和生活的美好

双手将阳光按在胸口

把握青春的脉搏

踩着自己的节奏

为孩子梦想的起飞

快乐地奔跑

让爱奔腾，汇成大海

苦涩的沙

磨砺着我们的心

结成颗颗珍珠

我们用平复自己内心的方式

来平复整个大海

四

我爱这片海

从不抱怨升腾的狂风和巨浪

我心随之澎湃

从不怨恨有毒的水母和鲸鲨

心中既然有大海

就包容海中的一切

我看到大海

就像看到自己的心

我们毫无保留地爱着那片大海

正如爱着我们的孩子

用真善美爱

面对世界和你

还有我们的孩子

我们心中有片大海

大海无量

我爱这片海

我是英语老师

我是英语老师

我是航海的船长

在航行的路上，带着孩子们

我渴望印着蓝天和白云的海面

让太阳炙烤我的肌肤和汗水

看到丰富奇特的鱼群和远翔的海鸟

我渴望静海明月

还有月光下的粼粼波光

孩子们认遍天上的星座

听着不同国度的歌谣进入梦乡

海浪轻摇，海风拂过

瞻仰陶行知

南京初冬季

阴雨绵绵天

瞻仰陶行知

参观纪念馆

鞠躬墓碑前

知行做合一

生活即教育

吾身也精神

吾心也精神

做更好的教师，做更好的教育
——参加2016年龙华新区中加合作项目之教育管理干部培训班心得

在美丽的丰泽湖畔，宛如世外桃源的丹堤实验学校里，我们恢复学生的姿态，背上书包进行了为期五天的脱产学习，感受了教育文化的共同点与差异，有三个方面给我留下了深刻印象，让我有所启迪。

一、关于"好教师"的讨论

"You are not a perfect teacher, but you are a growing teacher." Greg先生用这句朴实而充满激励意义的话语总结了我们的讨论。

好教师有许多共同的特点，比如守时、敬业、热情、善良等，用我们小组钟源盛老师分享的他曾经的学习成果来说，就是"好教师"要具备《西游记》里面八大角色的特点：要如唐僧一般有信念，如悟空一般有才华，如八戒一般心态阳光，如沙僧一般勤劳肯干，如如来佛祖一般懂得放手，如观音娘娘一般包容大度，如菩提祖师一般善于启发，如白骨精一般会用体态语来眉目传情。如此一提炼，"好教师"的形象鲜活立于眼前。可是这个完美形象却又让人望而却步，似乎穷尽一生精力也难以达到。我想大部分教师都期待自己成为一位教师，特别是年轻的教师，但这个高标准给人如此大的压力，还能愉悦往前吗？Greg先生的这句话做了很好的能量传递，这是一个完美的目标，我们只要朝着这个方向走，只要每天都在进步，也许永远达不到这个完美的目标，但会越来越好。若我们对自己的工作态度是这样，保持每日成长，那么心态会平和许多，相应的职业倦怠感也会降低许多；对学生若也是这样，那么师生关系便会和谐很多。在心态平和和师生关系融洽的状况下，才会有更多有创造性的东西产生。我不得不感叹Greg先生的智慧。

二、为师者的"智慧、优雅、耐心"

在为期一周的学习中，Greg先生一直在给我们传递一个"智慧、优雅、耐心"的先生形象。他花了大量的时间带领我们思考"一个好教师要具备哪些素养"，从自己思考书写到小组内部分享讨论，再到小组合作呈现在大白纸上，最后在全班小组轮流汇报。整个过程中，他上课的目的当然是想让我们通过学习之后明白什么样的教师是好教师，并且希望我们都能做好教师，也能带领更多教师成为好教师。但他的教学方法不是直接向我们介绍"什么是好教师"，我想以他的能力，他也可以慷慨激昂，他也可以幽默风趣，但他并没有采纳这些"极具吸引力"的做法，而是选择作为一个"带领者"，引导、激发我们自己去思考、去总结这样一种方法，而这种方法正是我们要学习的——做学生的引导者，不做替代者。Greg先生是这样教的，他本身也是这样做的。这种做法也印证了他的另外一句话："As a school teacher, you should be a model."

三、做个学会"倾听"的管理者

课程中有两个下午的学习形式是管理者与教师围坐一圈，耐心听取教师的发言。Greg先生一再强调，管理者在整个过程中不做任何评判，只需耐心听取。两个下午的学习结束以后，我明白他这样要求是为了让我们真正体会到"倾听"的重要性，并且训练我们学会"倾听"。只有听清楚了，才能根据实际情况做更好的决策。很有意思的是，每次听完之后，我们就开始热烈的讨论，不停歇地讨论，让Greg先生不得不在总结点评的时候问："我很想知道你们在讨论什么，看得出来你们在很认真地讨论，有谁可以跟我分享一下你们的话题吗？"

　　每个人都喜欢发言，并不想只做安静的"倾听者"，但是作为一个管理者，如果不习惯"倾听"，就要训练自己学会"倾听"。回到学校之后，我就做了这样的尝试。一位老师找我提出她对学校发展的建设性提议，当然也包含了她对当下工作的不满。事实上，学校每一个重大决策的发布，提案都是经过多方讨论通过，再布置实施的，但是在实施的过程中，这位老师站在自己的立场上提出了质疑。虽然我一开始就知道这个质疑是不科学的，但是我要训练自己学会"倾听"。于是我就不断地提醒自己"我不同意你的观点，但是要尊重你说话的权利""倾听、倾听、再倾听"。听到一个小时的时候，我发现这位老师的情绪由激动转为平静了，渐而变得平和，这时候我开始表达我的观点，并对她的质疑做出解释。后来，对同样的决策，她的接纳度起码提高了80%。倾听是一种态度，也是一种策略。

　　做更好的教师，做更好的教育。

每一个人都是珍贵的

深圳的温度低达5℃的时候，过惯了暖冬的深圳人就有点不适应了。

早上驱车前去上班的路上，几个二十来岁的小伙子穿着薄薄的羽绒服、缩着脑袋、夹着膀子迅速穿过马路，因为深圳的寒冷天气持续时间短，年轻人一般是撑几天就过去了。这一幕让我回想起上大学时我也是这么撑过寒冷的，并不会因此而冻到感冒，禁不住感叹了一句："年轻的生命真好！"

"是啊，年轻多好。不过他们可能没房没车，还羡慕你躲在小汽车里啊。"春哥回应了一句。

"那都不是问题。"我想，这些都是可以创造的。年少的时候，没有财富、没有头衔，拥有什么？青春、力量、梦想。而这些也是生命赋予人最珍贵的。进而想到，我现在30多岁，虽然不及20岁那样的青春，但也是处于生命很美好的时期，马上又转移了话题："不过对于60岁的人来讲，我们也是很年轻的，他们一定也很羡慕我们，这么说来的话，每一个人都是值得羡慕的。"

"嗯，生病的人羡慕健康的人，生不如死的人羡慕死去的人。"

每一个人背后都有人羡慕，每一个人都是珍贵的。

《无问西东》观后记

　　周末，陪正在攻读电影学博士的赵大头先生完成作业：观影《无问西东》。看完之后我们自然而然地就电影里的时代故事、故事背后的精神与情怀、电影拍摄手法、演员的演技等聊了起来。夫妻之间的聊天除了柴米油盐，还有这么有格调的事情，心想生活还是很眷顾我的。回到家后又专门上网温习了一遍经典台词，一致认为是一部很不错的华语片，为中国电影事业的发展感到自豪。后来又看了一些豆瓣影评，好坏评价参半，很多在诟病故事、情节、音乐跨度太大和一些不合生活常理的逻辑。

　　左小头：评价一部电影的好坏，最主要的评价因素是票房，票房才是真理，并不是随意的哗众取宠都可以获得或者骗得观众的喜爱和信赖的。高票房说明这个作品是抓住了民众的心灵和灵魂的，能被大众理解，又能叩问价值观，这样的作品恰恰是难得的好作品，普通之中彰显高深内涵，要知道至高无上的哲理往往是从平平淡淡的生活中提取出来，又能回归生活为大众所用的，不必纠结那些滴水不漏的情节和烧金的大场面、大制作。

　　赵大头：有些人根本不知道电影艺术与现实生活及他个人感受之间的区别。知识不能让人成为有智慧的人，只有常识、内心的开放和爱才能让知识变得有益处，这是知识分子需要注意的。

　　左小头：嗯，有智慧的人拥有自信、笃定和从容的精神世界。

　　赵大头：不管听到什么，看到什么，和谁在一起，做什么都有一种安在当下的力量，这种力量源于心灵深处的平和与喜悦。

左小头：我很喜欢这部电影。

赵大头：的确是国产电影中非常好的，我觉得中学生都可以看看。实际上没有一个多余的细节，创作者们给出的也是一个可以从多个角度去理解的价值观，开放的结局，就是让人自己去思考。

片中经典台词：

1. 如果提前了解了你要面对的人生，你是否还有勇气前来？

如果你已经明白事情的结果，那么你是否还会去做？

如果你已经知晓会让你痛苦，那么你是否应该选择放弃？

2. 人把自己置身于忙碌当中，有一种麻木的踏实，但丧失了真实，你的青春也不过只有这些日子。

3. 把自己交给繁忙，得到的是踏实，却不是真实。什么是真实，做什么，和谁在一起，你看到什么听到什么，有一种从心灵深处满溢出来的不懊悔也不羞耻的平和与喜悦。

4. 这个世界缺的不是完美的人，而是从心底给出的真心、正义、无畏与同情。

5. 当初你离家千里，来到这个地方读书，你父亲和我都没有反对过，因为，我们是想你能享受到人生的乐趣，比如读万卷书，行万里路，比如同你喜欢的女孩子结婚生子。注意不是给我增添子孙，而是你自己能够享受为人父母的乐趣，你一生所要追求的功名利禄，没有什么是你的祖上没经历过的，那些只不过是人生的幻光。我怕，你还没想好怎么过这一生，你的命就没了。

6. 看到和听到的，经常会令你们沮丧，世俗是这样强大，强大到生不出改变它们的念头来。可是如果有机会提前了解了你们的人生，知道青春也不过只有这些日子，不知你们是否还会在意那些世俗希望你们在意的事情，比如占有多少，才更荣耀；拥有什么，才能被爱。

等你们长大，你们会因绿芽冒出土地而喜悦，会对初升的朝阳欢呼跳跃，也会给别人善意和温暖。但是会在赞美别的生命的同时，常常，甚至永远地忘了自己的珍贵。

7. 愿你在被打击时，记起你的珍贵，抵抗恶意；愿你在迷茫时，坚信你的珍贵。爱你所爱，信你所信，听从你心，无问西东。

8. 我在你们这个年纪，有段时间，远离人群，独自思索，我的人生到底应该怎样度过。某日，我偶然去图书馆，听到泰戈尔的演讲，而陪同在泰戈尔身边的人，是当时最出名的学者（梁思成、林徽因、梁启超、梅贻琦、王国维、徐志摩），这些人站在那里，自信而笃定，那种从容让我十分羡慕。而泰戈尔，正在讲"对自己的真实"有多么重要，那一刻，我从思索生命意义的羞耻感中释放出来。原来这些卓越的人物，也认为花时间思考这些、谈论这些，是重要的。今天，我把泰戈尔的诗介绍给你们，希望你们在今后的岁月里，不要放弃对生命的思索、对自己的真实。

9. 为什么不快乐，因为总是期待一个结果。

10. 内心没有了杂念和疑问，才能勇往直前。

11. 世界很美好，世道很艰难。

12. 静坐听雨无畏，无问西东求真。

13. 你别怕，我就是那个给你托底的人，我会跟你一起往下掉。不管掉得有多深，我都会在下面给你托着。我最怕的是，掉的时候你把我推开，不让我给你托着。

《教师专业成长》读后感

中午拿到刘良华老师的《教师专业成长》，饶有兴趣地读起来，其中有些话让我很有感触。

"我相信挣扎对人类是有好处的。"

我也相信。遇到困难，不要轻易放弃，要挣扎，挣扎过的人生更美。我庆幸，我曾经为我的理想挣扎过，挣扎的时候虽然很痛苦，但我自己一直鼓励自己前进，后来我真的实现了我先前为之挣扎的理想，并在实现这个理想之后，遇到了更多美好的人和事。所以，很多次，我都由衷地对自己说：感谢那些困难，是那些困难成就了今天的我。由此，我也有了另外一种鼓励自己的方式：每当我遇到困难的时候，我会想，今天的不幸是明天幸福的源头。这样一想，我就又会信心满满地继续前行。

顾明远说教师的气质应该表现在三方面：高雅、睿智、亲和。满校长对教师气质的要求是：慈和、智慧、优雅。内涵一致！记得在一次有关雷夫教育智慧的分享会上，我说有勇气学习雷夫，但没有信心学习陶行知，因为他离我很遥远。满校长说等你们有一天学习多了，思想就会慢慢接近他，其实他并不遥远。这话，我现在信了，虽然当时我不理解。当然我现在的学识还不足以接近陶行知这样的大师，但是我发现读的书越多，对教育了解得越多，我就越理解满校长的办学理念，我的思想就越接近她！挤时间来华南师大读硕士，我再一次肯定自己的选择是如此的英明！

"每个孩子都是一辆'汽车'。我们只要给孩子提供必要的帮助：第一，启动；第二，让他有油，我们要为他加油。"

读完这段，我惊人地发现，我母亲是天生的教育家。记得母亲也曾经跟我说过类似的教育隐喻：孩子就像一辆汽车，学校负责启动，回到家里，家长要给他加油，否则的话，第二天他会跑不动的。这话生动形象地阐明了学校与家庭对孩子教育的重要性与关联性。母亲还知道教育要充分考虑个体差异，她说小孩和小孩之间是不一样的，不是每个孩子都擅长读书考试，有的孩子是有"口聪"（能言善辩），有的孩子是有"手聪"（擅长手工）。

读书就是一个与自己相处的过程，一个与自己思想对话的过程，一个愉快的过程。

思想点滴

今晚是这个暑假在华南师大学习的最后一晚了，盘点一下近期我的几个"思想火花"。

1. 有愿望就要勇敢去尝试、再尝试，这样，实现愿望的概率会大大增加。

2. 如果你的愿望是合理的，真诚地向别人表达自己的想法，就可能得到别人的支持和理解。

3. 学习理论最大的好处是改变人的思维方式。

4. 学习从领域来分，可分为课堂内与课堂外的学习；从内容来分，可分为知识和人际关系的学习。每一种学习，只要你用心去对待，都会有所收获。

5. 自信并不是要求每一种技能都很专业，而是要懂得在特定的情况下特别地运用，比如K歌的时候，唱跑调比躲在角落不唱更惹人高兴，让大伙感到欢喜正是K歌这种特定场合下所需要的。

参考文献

［1］张典兵，孟祥萌.终身德育理念的意蕴及实践策略［J］.继续教育研究，2014（03）：71-73.

［2］张典兵.终身德育理念的概念解析与实践路向［J］.成人教育，2014（05）：25-27.

［3］刘洋.德育生活化——新世纪学校德育的发展趋势［D］.长春：东北师范大学，2004.

［4］张建珺.小学"德育生活化"的实践与探究［D］.上海：上海师范大学，2013.

［5］戴赛珍.生活中育德，生活中育人——小学德育生活化的初步实践［J］.考试周刊，2009（23）：157-158.

［6］傅雪松，王艳.起程课程：让学生爱上学校生活［J］.人民教育，2015（13）：35-37.

［7］黄静，韩冬.知行课程："十岁天空"的设计与实施［J］.人民教育，2015（13）：38-41.

［8］张华毓，李秀玲.毕业课程助力学生修远之路［J］.人民教育，2015（13）：42-43.

［9］陶行知.陶行知文集［M］.南京：江苏教育出版社，2008.

［10］杨越.谈如何有效开展小学英语口语教学［J］.中国校外教育，2017（32）：85.

［11］崔立平.浅析小学英语口语训练［J］.吉林教育，2017（40）：121.

［12］顾琳琳.创设有效情境，优化口语教学［J］.中学生英语，2017（40）：26.

［13］简·尼尔森.正面管教［M］.玉冰，译.北京：北京联合社出版，2009.

［14］托马斯·戈登.父母效能训练手册［M］.宋苗，译.天津：天津社会科学院出版社，2009.

［15］约翰·杜威.民主主义与教育［M］.王承绪，译.北京：人民教育出版社，2001.

［16］戴维·迈尔斯.社会心理学［M］.侯玉波，等译.北京：人民邮电出版社，2006.

［17］苏霍姆林斯基.给教师的建议［M］.杜殿坤，译.北京：教育科学出版社，1984.

［18］A.阿德勒.自卑与超越［M］.黄光国，译.北京：北京作家出版社，1986.

［19］陶行知.陶行知文集［M］.成都：四川教育出版社，2005.

［20］陶行知.生活教育［M］.武汉：湖北教育出版社，2016.

［21］陈鹤琴.家庭教育［M］.上海：华东师范大学出版社，2006.

后 记

　　2017年9月，通过考试选拔，我成为深圳市龙华区"未来教育家"铸将工程中的一名培养对象，工作也随之从深圳市行知小学借调到龙华区教育局。"未来教育家"的称号让我感觉一时殊荣加身，窃喜之余有些不自在、不安，后来渐渐地习惯，我知道我现在不是教育家，也许未来我一辈子也成不了教育家，但是我可以通过自己的努力和行动，一直走在成为"未来教育家"的路上。

　　是的，在做好工作岗位的本职工作之外，我应该为对得起这个称号去做点儿什么。我申请加入了张冠群广东省名师工作室，希望能够搭上这趟车，让自己依然有机会研究英语教学，不丢掉教学业务。我主动加入了项阳校长创办的中国第一所共享学校——丑小鸭魔法学校，希望在没有学生在场的情况下也能上课。除了参加单位组织的学习之外，我还利用业余时间去参加了一些个人成长的课程。然而，前两个项目都需要整块的时间，常常与我的工作冲突，我有点兼顾不来。这时候，在与我的好朋友马静女士的一次关于人生的聊天中，我们谈到了出书，把自己的思想和故事整理成册，作为一份礼物送给自己，这次谈话给了我莫大的启发。把前面十年在行知小学的成长经历和故事整理出来，既是对过去十年阶段性的总结，也为开启下一个人生的十年注入新的能量；既是作为礼物感谢行知小学十年来对我的呵护和培养，也是送给新单位的见面礼，于公于私都有了意义和价值，因此出书的事就这样"动工"了。

　　在我做这件事的时候，有鼓励肯定的，有不在意的，也有直接泼冷水的，他们的观点都会刺激我继续思考的神经。一个偶然的机会，我将疑惑和担心分享给了一位特殊儿童的家长，她的回答让我很震惊，她说："那是你的思想、你的故事、你的人生，你管它有没有人看干什么？那是属于你个人的，很珍贵的！"作为特殊儿童的家长，要在这个喧嚣的世界中自信地、有力量地生存，是件很不容易的事情，需要很执着的精神。也许正是因为这份执着，她的特殊宝贝（自闭症）一直在平稳进步中。我感受到了她传递给我的力量。那是我的思想、我的经历、我的故事、我的人生，我想要传递一个信念，普通人也可以努力让自己有一个自信的幸福人生。真诚的东西整理出版出来可能会对一大批读者有价值，也可能只会受到一小部分人，甚至极少人的关注，不过这个不会再成为阻碍这本书"出世"的理由了。它会最大限度地影响我，会给我本人带来积极正面的影响，这就已经足够了。

　　感谢我的校长满小螺女士，她是一位非常热爱教育和儿童的、有思想且富有行动力的校长，她也是最了解我和见证我成长的人。我毕业之后就在她的带领下工作和成长，我的任何一点成长进步都离不开她的用心栽培。一直以来，我很多想法和处理问题的方式也多受到她的影响，她让我学会管理、学会教书、学会感恩。

　　感谢我的导师马早明教授，三年的硕士学习，马老师严谨的治学态度、渊博的知识和高尚的人格魅力令我尊敬，也给了我深远的影响。他在很大程度上改变了我的思维习惯和方式，让我作为一位小学教师也学着去辩证地思考和记录生活，才得以一整理就可以有内容成册。

　　感谢深圳大学的陈淑妮教授，十多年来，陈老师总是让我看到阳光、感受温暖、充满青春的力量。她让我看到充满爱和感恩的人生可以如此幸福，并鼓励我一路走来实现自己作为青年教师的人生价值。

　　感谢我的先生赵家春博士一直以来给我的"至高无上的厚爱和毫无原则的支持"，给这本书提出了很多宝贵的建议和鼓励，能与他相伴人生，是我最幸福的事情。

　　感谢我的天使宝贝走对小先生，他的纯真稚嫩，他的可爱淘气，他的温暖善良，让我越来越懂得爱。

　　本书的写作及出版，得到了许多领导、亲人、好朋友们的关心和帮助，在这里不再一一列名了，但我深信，正是因为你们，这个原本陌生的大都市才变得如此亲切，在我的心里，永存感恩。感谢出版社，感谢所有的读者，感谢所有帮助过我的人。

　　谢谢大家，祝福大家！

2018年8月于深圳